文化与哲学

宋洪云⊙著

知识产权出版社
全国百佳图书出版单位

图书在版编目（CIP）数据

文化与哲学/宋洪云著. —北京：知识产权出版社，2019.1（2021.1 重印）
ISBN 978 - 7 - 5130 - 3277 - 3

Ⅰ.①文… Ⅱ.①宋… Ⅲ.①文化哲学—研究 Ⅳ.①G02

中国版本图书馆 CIP 数据核字（2018）第 254907 号

责任编辑：贺小霞　　　　　　　　　责任校对：潘凤越
封面设计：刘　伟　　　　　　　　　责任印制：刘译文

文化与哲学

宋洪云　著

出版发行：**知识产权出版社**有限责任公司	网　　址：http://www.ipph.cn	
社　　址：北京市海淀区气象路 50 号院	邮　　编：100081	
责编电话：010 - 82000860 转 8129	责编邮箱：2006HeXiaoXia@sina.com	
发行电话：010 - 82000860 转 8101/8102	发行传真：010 - 82000893/82005070/82000270	
印　　刷：北京虎彩文化传播有限公司	经　　销：各大网上书店、新华书店及相关专业书店	
开　　本：720mm×1000mm　1/16	印　　张：9.75	
版　　次：2019 年 1 月第 1 版	印　　次：2021 年 1 月第 2 次印刷	
字　　数：160 千字	定　　价：58.00 元	

ISBN 978-7-5130-3277-3

前　言

哲学家只是用不同的方式解释世界，问题在于改变世界。

——马克思

本书主要探讨文化与哲学的关系，这是文化哲学的前提性问题。主要从哲学历史的角度梳理两者之间关系的演变，从哲学现实的角度探寻两者关系的建构，以夯实文化哲学存在的基础。

本书主要由六个章节构成。

第一章是文化的哲学内涵界定。本章是全书的基点，因为文化的内涵决定了文化哲学的性质，也决定了文化哲学的视域，文化的哲学界定是文化哲学的本体论问题。本章在中外文化观梳理分析的基础上，提出"文化是人特有的在处理人与自然关系上兼顾自然需求、处理人与人关系上以教化为主的目的与手段相统一的求真、向善、臻美的活动及其成果"的文化概念的新界定。于此，把文化与历史分开，因为历史中的邪恶虽然作为客观历史存在但不属于文化。在此基础上分析了文化的哲学内涵并且把"知行合一"作为文化的本质特点，在这一层面，深入夯实文化作为人的"活动方式"的本质。并且"对文化是人的本质"作了实然与应然的区分，人现实地走在"渐文"之路上，而"至文"之境才是人的文化本质实现之时。从外延角度来看，文化的本质形式是人的活动方式、文化的核心形式是科学文化。

第二章从哲学来考察文化与哲学的内在相通性。从哲学的词源来探析哲学本性，哲学以"爱智慧"对文化有内在包容性。哲学从历史上就有对宇宙与人的活动方式考察的两种路径存在，这样的视域覆盖文化的两种表现形式。并且哲学以其实践批判推动文化的进化。因此，文化与哲学有内在的相通性。

第三章从文化的总体本质表现即人的活动方式来考察哲学，深入探析哲学历史和现实与人的活动方式的关联。哲学始终关注人的生活世界，尤其在现代哲学中表现更为明显；但由于关注方式或只是在抽象理论层面，难以渗透普通人的生活；或只是在日常生活具体层面，而理论深度不够，理论魅力不足。因此，后现代哲学才重提回到人的生活世界。

第四章和第五章探寻哲学与文化的核心形式即科学文化的关系。第五章是第四章的理论论述的具体化，以实现抽象与具体相结合。第四章主要从发生学角度研究文化与哲学的关系。一方面强调文化孕育了哲学，哲学的诞生是文化发展的高级阶段，文化是哲学诞生之源泉，也是哲学复兴之源；另一方面分析了哲学孕育科学并且催生现代科学的历程。两者的相互助力与推动构成了文化的总体图景。

第五章主要用典型案例分析方法来研究哲学与科学之间的关系。分别选取人文社会科学的代表学科经济学与自然科学的代表学科数学作为典型案例来研究。从数学与经济学的样本中更加清晰地看到科学与哲学之间的内在关联性，从哲学与科学的互动脉络梳理中，可见哲学与科学关系在历史上存有强烈的亲缘与互动关系，但在现代日渐衰弱。哲学的学科化成为封闭自己的窠臼。

第六章指明文化哲学是哲学的复兴之路。一方面，文化哲学能解除哲学危机，成就哲学的复兴；另一方面，文化哲学也要复兴传统哲学的对宇宙和人生并行关切的路径，才能实现哲学的复兴。首先展开的是对文化哲学自身的批判。正是因为现代文化哲学一味强调"拒斥形而上学"，从而拒绝与文化的核心形式科学的交流而把这一领域拱手让与科学哲学。但科学哲学也由于自身学科化使其缺乏多元与专业化的"文化"强力支撑，从而只能对科学进行批判，不能和科学交流与博弈。因此，科学哲学得不到科学的回应。所以，文化哲学应将生活哲学与科学哲学一并纳入视域中，否则失去了文化最精致的产品——科学文化，哲学怎能自称其为文化哲学？而文化哲学要振兴，要以高度的哲学自觉精神主动走入文化的家园。一方面，深入探析人的活动方式以凝练时代精神，并遵循抽象具体化路径实现哲学，铺就人人幸福的路；另一方面，自觉意识到哲学自身的局限性，拥抱科学，夯实自身的文化基础，实现哲学文化之精华的使命。文化哲学之路就是人的自由之路。

　　总之，本书通过哲学与文化的内嵌结构来探寻文化哲学存在的合理性，以建构文化哲学。文化是哲学之家园，哲学必须回归文化，以实现哲学改造世界的功能。

目　录

导　论

第一节　文化哲学的历史溯源

文化与哲学的关系其实是文化哲学何以成为可能的问题，这是文化哲学理论体系建构的前提问题，也是核心问题。这个问题在中外学术界都有所探讨。

一、中国之哲学与文化关系的探讨

从把科学看作是文化的典型精神产品角度看，最早对文化与哲学的关系进行大规模研讨发生在中国。在救亡图存的 20 世纪 20 年代，中国思想文化领域发生了一场"科学与玄学的论战"，又称"科玄论战"或"人生观论战"。它以科学与玄学的不同作用为基点来研究科学与玄学关系，最早提出与触及了文化哲学的前提问题。参与"科玄论战"的人群范围极其广泛，包含了中国哲学家、马克思主义理论家、思想家和科学家。

"科玄论战"是由中国哲学学者张君劢发起，1923 年 2 月 14 日他在清华大学的《人生观》的演讲中批判了科学万能的思想，继而有科学家丁文江应答，后有马克思主义学者、思想家参与的一场关于科学与人生观问题的论战。科学派代表有丁文江、胡适、王星拱、吴稚晖、任叔永、唐钺等，玄学派代表有张君劢、林宰平、梁启超等，马克思主义者有陈独秀、瞿秋白、邓中夏等，争论的焦点是科学究竟能否解决人生观问题，双方都强调玄学不同于科学，都认为自己能解决人的问题，攻击对方不能解决人的问题。所以，"科玄论战"是以哲学与文化的对立与冲突来展现文化与哲学的关系。

张君劢认为科学与人生观的根本不同在于："科学之中，有一定之原理原则，而此原理原则，皆有证据。……诸君久读教科书，必以为天下事皆有公例，皆为因果律所支配。实则使诸君闭目一思，则知大多数之问题，必不若是之明确。而此类问题，并非哲学上高尚之学理，而即在于人生日用之中。"然而"同为人生，因彼此观察点不同，而意见各异，故天下古今之最不统一者，莫若人生观"。可见，张君劢强调了科学是真理的客观性原则，遵循的是因果律。因此，标准为一。而人生观则是价值的主体性原则，因此，标准为多。最后张君劢总结道："人生观之特点所在，曰主观的，曰直觉的，曰综合的，曰自由意志的，曰单一性的。"而科学之特点与之对应，"则为客观的、论理的、分析的、因果的、相同的"。他立论的根据则是"人生观"与"科学"的区分，其结论是："科学无论如何发达，而人生观问题之解决，决非科学所能为力，惟赖诸人类之自身而已；""盖人生观，既无客观标准，故唯有返求之于己。"❶

丁文江把张君劢的人生观哲学斥为"玄学"，他断定张君劢的人生观是不受论理学实例的支配。他提出人生观也要受科学公例规则约束，他举例说："科学的材料原都是心理的现象，若是你所说的现象是真的，决逃不出科学的范围；""科学未尝不注重个性直觉，但是科学所承认的个性直觉，是'根据于经验的暗示，从活经验里涌出来的'"❷。丁文江还简述了科学从哲学中分离和独立出来的历史，批判了对科学的误解和把西方的价值衰退归于科学的谬论，他隐含着救中国之路唯有科学的倾向。

---

❶ 张君劢等著. 科学与人生观［M］. 济南：山东人民出版社，1997：35－38.
❷ 张君劢等著. 科学与人生观［M］. 济南：山东人民出版社，1997：41－60.

可见，两派都强调现状是哲学与科学不同，但强调的最终目的不同。科学派认为哲学本应该遵循科学的原理，因为都是讲理的研究。而哲学现在还没有遵循科学法则，因而称之为"玄学"。要想改变"玄学"，必须遵循科学原则，哲学应走科学化路径。"玄学"之意为"眩"，即为迷乱、迷惑之意。既然是"迷惑之学"，则无大用也，即无存在之价值。而玄学派则强调玄学与科学本应不同，玄学针对两者的研究对象和原则不同而指出科学解决不了人生观问题，玄学依然有存在价值。

在科玄论战中，双方辩论的科学主要指的是自然科学，人生观主要是中国的哲学。就科学来说没有覆盖社会科学，就哲学来说没有覆盖哲学的全部。因此，这场论战是哲学与文化的论战局部战场，双方还没有就全部内容展开论战，但是所开启的关于文化与哲学的关系的讨论却意义深远，继而成为文化哲学的前提和核心问题。这个问题成为当代社会的热点问题。1983 年召开的第十七届世界哲学大会的主题就是"哲学与文化"，1993 年中国哲学学会在澳门举办"哲学与文化"的研讨会，2018 年第 24 届世界哲学大会的主题是"学以成人"，这些高端会议一再提出了哲学与文化的关联问题。

"80 年代"的文化热是文化与哲学联结的焊接点。这与中国的现实是分不开的。中国的改革开放高扬了人的主体性精神，一时间"知识改变命运"成为人人皆知的名言，知识作为文化的典型形态发挥了巨大的作用，可以说知识不仅改变了知识分子的个人命运，社会对于知识的渴求与执着的追求也改变了国家的命运。另外，中国依旧在寻求现代化之路的秘密，西方历史中文艺复兴等文化因子对于工业革命的重要思想启蒙作用以及"文化—经济—历史"之间关系都受到重视，即更强调文化对于历史演进的作用机制。因此，文化哲学也随着实践问题在 20 世纪 80 年代初，进入了中国哲学的理论范式。

二、西方之文化哲学的建构

黑格尔在近现代哲学史上开启了文化哲学的一种理论形态的建构。黑格尔是处在科学的诞生之后,在哲学与文化已有各自边界的基础上,把哲学与文化两者结合起来的最早的哲学家。他在耶拿大学哲学系以一篇《论行星运转》论文获得哲学博士与讲师资格,他讲授的第一堂课是逻辑与形而上学。可以说,他遵循的是从形而上学的宇宙学出发进入到哲学的路径。之后,在构建了其《精神现象学》的基础上,他进入了广阔的文化领域进行研究,写了《历史哲学讲演录》《法哲学原理》《宗教哲学讲演录》,主要是以哲学来把握文化的形态。由此,现代西方出现了艺术哲学、科学哲学、政治哲学、经济哲学、管理哲学,等等,哲学以此方式展开了与具体科学的交往与互动。

而西方哲学与文化互动关系的构建的飞跃是有一个典型的交叉性质学科的出现,即文化人类学的出现,既然有"人类"之名必然要涉及人类的本质和研究人类的本质,文化人类学也就是研究人何以为人的一门学科,这就相当于文化人类学的学科基础中就内置了哲学的基础。所以,文化与哲学越来越近。文化人类学是现代西方文化哲学的典型形态。

在此之后,生物文化人类学、宗教人类学等不断涌现,这在一定程度上表示文化与哲学的交叉学科的出现,即具体文化形式与文化人类学的结合。在此基础上,哲学试图对文化作为一个普遍类进行文化与哲学的直接关联。因此,出现了文化哲学的范式。

在西方近现代的历史上没有大规模出现过文化与哲学问题的争论。但出现了两种趋势,使文化与哲学的融合趋势渐强。

一方面是哲学自身的自觉,以黑格尔为开端的哲学家主动把握人的文化世界,把哲学的世界观与方法论应用到其他独立的学科中,从而形成了一种哲学与文化的结合方式即文化哲学。这样,文化哲学作为一个类学科,是多门种属学科的综合,包括法哲学、经济哲学、道德哲学、管理哲学、艺术哲学等,但文化哲学作为一个独立的学科没有成立。

另一方面是在文化人类学的嫁接的刺激下,哲学直接要跨过中介的文化人类学,形成文化与哲学之间的内在联系,从而形成一个独立的学科即文化哲学。

由此，也出现了两种不同的文化哲学。

第一种是独立的"狭义"的文化哲学。这是继承黑格尔的传统发展而来的文化哲学，但是这种文化哲学变为一种部门哲学，它是法哲学、经济哲学、道德哲学、管理哲学、艺术哲学等学科哲学的概括，其实质是用哲学一统其他学科的思路或把哲学在其他学科上进行嫁接。

第二种是独立的"广义"的文化哲学，它凸显哲学的形而上的特质，把所有的文化都纳入到哲学的范围内，即把所有人类创造的精神与物质世界都作为研究对象。

第二节　当代文化实践凸显文化哲学

在国际背景下，从资本主义开拓了世界市场到信息技术的发明和使用，全球化浪潮席卷了全世界。全球化从事实层面和价值层面都表明，以经济为先导的全球化必然产生文化的全球化，进而改变了人的存在方式。进而凸显出文化的普遍性与文化特殊性的关系问题，如何确定文化的普遍性以实现各种特殊文化之间的共通性、共识性？如何减少文化之间的摩擦和冲突？文化哲学能从文化的本质与普遍性出发，结合文化特殊性的品格，为解决各种文化问题奠定理论基础。

同时，党的十九大提出：中国要在 2035 年基本实现社会主义现代化，2050 年，把我国建成富强民主文明和谐美丽的现代化强国。要实现这个目标，必须把现代化的观念从经济技术层面转入深层次的人的现代化。同时中国在全球化浪潮中需要文化哲学来建构一种中国特色的现代化文化。另外，在当代中国，文化供给的娱乐化形式与人们美好文化生活的需求之间的差距也需要文化哲学来批判文化的供给以满足人们美好文化生活的需求。在这样的视野中，文化哲学的兴起有必然之势。

一、文化普遍性与特殊性矛盾凸显文化哲学

从全球视野来说，文化问题在 20 世纪 80、90 年代以后日益凸显出来，是世纪之交的一个重要现象，这个现象深刻地反映了人类历史进程的鲜明特征，反映了当前世界发展的新变化。在 20 世纪 80~90 年代，以计算机的发明和应用以及信息技术和网络技术的推广和普及为代表的高科技产业群的迅速发展，推动了西方资本主义国家由发达的工业社会开始步入信息社会。以信息技术为中心的高潮所孕育和形成的先进的技术、巨大的国际市场、发达的交通、快捷的通讯，为全球化的实现提供了巨大的可能和途径。程控电话、高清晰度的电视、信息、因特网，使经济、政治、文化、社会生活等各种社会交流的国际化程度越来越高，范围越来越广。地球正在缩小，世界快变成一个"地球村"，全球化的浪潮席卷了全世界。

全球化是一个复杂的概念，选择的角度不同，对它的描述就会有所不同。从哲学的层面看，全球化，我们引用德国知名社会学家乌尔里希·贝克在《什么是全球化》一书中所表述的："全球化指经济、信息、生态、技术、跨文化冲突和公民社会各领域里可感受的日常行为的去除疆界性。全球化使既熟悉又无法理解和难以理解的事物，那种可感受到的力量已经从根本上改变了人们的日常生活，它迫使所有的人适应它并且面对它。金钱、技术、商品、信息、毒品都'冲破'了疆界，好像这些疆界根本不存在。……这样理解的全球化意味着消灭距离，人们被卷入到并不希望的、无法理解的跨国生活方式中。"❶ 简而言之，全球化首先是经济的全球化，但其意义并不仅仅是经济的，它是由经济全球化所推动的人类活动的"时空伸延"或"时空压缩"❷，在这个被压缩的时空中，世界范围内的人类在经济、政治、文化等各个方面相互联系，强化交流和互动。马克思和恩格

---

❶ [德] 乌尔里希·贝克. 什么是全球化 [M]. 常和芳，译. 上海：华东师范大学出版社，2008：11.

❷ 王逸舟. 全球化时代的国际安全 [M]. 上海：上海人民出版社，1999：6-9.

斯在《共产党宣言》中描述了世界成为相互联系的整体的画面:"资产阶级,由于开拓了世界市场,使一切国家的生产和消费都成为世界性的了。……新的工业的建立已经成为一切文明民族的生命攸关的问题,……过去那种地方的和民族的自给自足和闭关自守状态,被各民族的各方面的互相往来和各方面的互相依赖所代替了。物质生产是如此,精神的生产也是如此。"由此"历史向世界历史转变"。❶

全球化有两个层面。第一个层面是事实层面。全球化是一种客观事实,它有其既成的历史和特定的内容。它包含技术层面、社会关系层面和思想文化层面三个方面内容:技术层面即通过各种技术手段的运用,全球范围内人们之间的时空距离日益缩短,整个地球变成"地球村";社会关系层面,即通过全球贸易,全球范围内人们的普遍交往和各民族的相互依存已充分表现出来;思想文化层面,人们在相互交往中,各种文化观念的流动与碰撞,马克思、恩格斯非常早的预见了这个方面。从全球化的事实层面看,由经济、物质交往必然引起社会关系与精神文化之间的密切的互动。

全球化的事实层面的存在也会引发一系列问题,对于发展中国家尤其是一种挑战。因为人们之间的联系有平等联系,也有不平等的联系,有两者之间的和谐、也有两者之间的冲突。全球化发展的其中一个人们不愿意看到的结果就是两次世界大战。在现代社会的价值观中,经济霸权主义让人反感,同时,由于世界多极化的发展,也抑制了霸权主义的扩张。以经济来强制其他国家,往往受到国际社会的谴责。但是由于经济与文化的相通性,经济上强大的国家往往文化的力量也相对强大,由此,不发达国家作为后发国家在引进外国资金、技术、机器等的同时,作为文化载体的人与物及其专门的文化书籍的进入,就会带来不同的文化气息,导致两种文化存在冲突、谐调问题。再者,作为竞争者的国家或者想以自己的原则来改变其他国家的人往往要借助文化的输入产生静悄悄地革命。因此,如果

---

❶ [德]马克思、恩格斯.马克思恩格斯文集[M].第2卷.北京:人民出版社,2009:35.

没有自己的文化之根，那么其他文化就会成为占有者。

这就凸显了全球化的第二个层面即全球化的价值意蕴，从人类的生存和发展以及特定民族的生存和发展两个不同角度，正反两方面来看利与弊、好与坏、危机与挑战。全球化对整个人类的生存和发展正面价值显而易见，19世纪，马克思就曾从整个人类生存和发展的角度展望了人类解放和共产主义的光辉前景。它是人类存在方式的深刻变革，即人类由民族化生存向世界（全球化）生存转变。同时，全球化的负面效应也引人注目。人与自然、人与社会、人与自身的关系日益凸显出一系列尖锐的矛盾冲突，演化成全球性问题，对人类的生存和发展构成威胁。对民族的生存和发展来说，机遇与挑战并存。对于发展中国家，全球化创造了前所未有的机遇。但同时，随着全球化的发展，国家、民族的竞争愈加残酷。

全球化的时空压缩使得原来的遥远变为咫尺。因为遥远的关系，虽然人们没有密切的合作，但同时，人们之间也不易形成冲突。现在因为咫尺之时空，人们之间的空间被压缩进了统一时空中，从而产生了矛盾关系。既然是矛盾关系，就有对立和统一两种倾向。世界的进化有统一性与对立性两种主导方式，当双方的对立性的权重大于统一性的权重时，对立性的矛盾解决方式往往以冲突或战争的形式来解决矛盾；而当双方的统一性的权重大于对立性的权重时，统一性的解决方式是以和谐的形式或者是融合的形式来解决矛盾。

全球化中双方的对立与统一，不仅体现在经济上，而且体现在文化上。拥有不同文化的地区、国家和民族如何面对文化的全球化，如何解决文化的冲突和矛盾，如何加强文化的共享性，如何认识文化的人类性，也是这个时代的重要课题，它关系着人类的生存和发展。亨廷顿的《文明与冲突》虽然在某些方面有偏颇之嫌，但是却强调了在全球化时代人类文化所面临的问题，即如何把握文化的特殊性，加强文化的共通性问题，继而凸显文化的普遍性共识问题。在全球化浪潮中，也产生了如何立稳自己的文化之根，并且在交流中能不断吸收有利于自身的因素，实现文化的发展，不断催生新的文化灿烂之花的文化自信和文化自觉问题。亨廷顿就尖锐地指出："在新的世界中，最普遍、最重要和最危险的冲突不是发生在阶级之间、富人之间与穷人之间，或其他从经济上定义的群体之间，而是发生在不同的文化实体的人们之间。"❶ 文化冲突是个全球化与世界化问题。

文化的全球化是以经济一体化为先导的全球化必然产生的结果，进而改变了人的存在方式。美国学者阿尔君·阿帕杜莱斯将全球化归为五个维度或五个拼盘：一是在全球流动的人种图景；二是跨国性的科技图景；三是超越民族与文化差异的媒体图景；四是无国界的货币流动图景；五是全球性的而非国别性的意识形态接受图景。❷ 在跨界的人的生活中，应如何共同面对自然生态？在这流动的、即时互动的世界中应如何面对不同文化的人？人应该如何"诗意的栖居"？这都引发了文化哲学的兴起与思考。

二、文化供给与需求矛盾凸显文化哲学

目前，在文化的供给问题上，大众文化的娱乐化驱使文化哲学前行。文化应该是展现人之为人的过程与产品，文化是人的投入而不是一种被抛入。过度的娱乐化将使人在文化中无所依靠，随波逐流。

当今，大众文化的娱乐化倾向泛化。二次元、抖音等日常文化在网络虚拟世界的大肆渲染，过度占用了人的宝贵时光。大众文化中的过度娱乐化会过度刺激人的感官，削弱了人的感官能力。无意义的喧嚣在逐步蚕食人的价值追求和文化自由。人对追求有意义的生活不以为然，人生活的意义或者变为工作中赚钱的机器，或者是在日常生活中的搞怪。人们自以为是地认为获得了自由的文化。其实这不是真正的文化，而是虚伪的自由。因为自由是实现人的自我，是人的一种更好地可能性向人的现实性的转化。自由在某种意义上可用有意义的创新来表达，因为创新是人在现实中

❶ Huntington S P. The Clash of Civilization and Remaking of World Order ［M］. London. Simon Schuster Ltd. , 1987: 28.

❷ 陈燕谷. 文化与公共性 ［M］. 北京：三联书店，1998：529 – 535.

突破了自我限制，使人向更高的自由度生成的维度。但快感文化往往是让人最终落入无聊的无意义的创新。

不仅大众文化如此，被认为追求理性的精英教育即大学教育都已经过度的娱乐化。大学教师出于对学生趣味的迎合，也大搞娱乐化之风，课堂缺乏了严谨的逻辑与系统性，加入了过多的娱乐渲染。大学之精神之大师"秒变"为娱乐大师，以娱乐之乐取代了理性之乐，大学仿佛成为失去了理性的"伊甸园"。生活不能缺少娱乐，但是过多的娱乐会冲淡生活的意义。马斯洛曾提出"价值失调"理论，指出诸如心烦气躁、缺乏乐趣、没有生活目的和生活意义等，是社会存在的精神疾病。也就是说如果陷入了不经反思、一味地娱乐化生活，欢笑后面跟着的不是快乐，只是价值失调症状的逐步增多。媒体生态学的创始人波兹曼教授在《娱乐至死》中指出，有两种方法可以让真正的文化精神枯萎：一种是奥威尔《1984年》式的，文化成为一座监狱；另一种是赫胥黎《美丽新世界》式的，文化成为一场滑稽戏。在现代视觉文化时代中的"图像的意识形态"，以娱乐至死的非文化的诱惑使人对文化失去判断力。波兹曼说："谁会拿起武器去反对娱乐？"❶ 正是人对娱乐文化的不可招架，造成了人自身的隐形的文化退化。因此波兹曼教授创立媒体生态学，让媒体多一些人的价值取向，使媒体真正成为文化的守护者、传播者。

大众文化与精英教育的过度娱乐化是目前文化供给存在的典型问题。

文化的供给呈现的态势不容乐观，但文化的需求却又非常强大。党的十九大报告指出：中国特色社会主义进入新时代，我国社会主要矛盾已经转化为人民日益增长的美好生活需要和不平衡不充分的发展之间的矛盾。一方面，人民美好生活需要确实是日益广泛，不仅对物质文化生活提出了更高要求，而且在民主、法治、公平、正义、安全、环境等方面的要求也日益增长。也就是人们的美好生活不仅仅局限于吃好、穿好，人还有更高自我实现需求，真正体会到人成为人自身。这种美好生活是一种高级的享

❶ ［美］尼尔·波兹曼. 娱乐至死［M］. 章艳，译. 桂林：广西师范大学出版社，2004：203.

受，而不是低级的享受。文化的价值不仅在于为社会提供的文化的产品和环境，而且文化更实质的是作为个人日常生活存在的模式。所以，中国需要哲学守护迫在眉睫的文化建设。

面对中国现实的需要，这也提出了文化的理论基础和本质问题。我国不断强调的"文化自觉"要的是不断反省、不断改进的文化。

三、工业现代化与文化现代化矛盾凸显文化哲学

十九大报告提出，我国要在 2020 年实现全面小康社会，从 2020 年到 2035 年，在全面建成小康社会的基础上，再奋斗 15 年，要基本实现社会主义现代化。至 2050 年，中国要建成社会主义现代化强国，应如何更好更快地实现现代化目标呢？

一方面，中国必须要现代化。在全球化的背景之下，中国面临着历史上难得的机遇和严峻的挑战。中国要提高综合国力，就必须实现社会主义现代化的任务。现代化不仅仅是"坚船利炮"，更重要、更本质的是人的现代化。现代化的人需要现代化文化的培育与滋养。

我国正处于农业社会向工业社会，传统社会向现代社会，从封闭社会向开放社会的转变。要实现现代化，必须唤醒民众的主体意识，加速他们从"传统人"向"现代人"转变，现代化的本质是人的现代化，而人的现代化即是人的存在方式或行为模式的根本性的转变。千百年来对土地的天然依赖和宗法血缘的人身依附，使传统农民终身被闭锁在衣、食、住、行、饮食等自在的日常生活世界，被束缚在自然的和血缘的关系中，他们基本上停留于自在维度的空间，人的行为以重复性为基本特征，起支配作用的不是创造性思维和科学逻辑，而是那些人们世代自发地继承下来的传统、习惯、风俗、常识、经验、戒律以及血缘关系和天然情感。这些自在自发的文化因素所塑造的传统文化精神和行为模式是农业文明的主导性文化精神，工业文明即现代化所需要的理性的文化模式还没有完全建立起来。因此中国的现代化的焦点是建构现代化文化以培育现代化的人，实现

人的现代化，人的现代化才是现代化的事业成败的关键。我们呼唤的现代人，应该具有现代的意识和文化精神。他们不因循守旧，而是不断创新、不断进取，积极的开拓新的生活领域和生活方式。中国需要转变为现代的生活方式，中国人的传统自在自发的生活方式不变，中国彻底实现现代化只是梦想。

另一方面，工业化也有致命的缺陷。现代化的本质是工业化。而工业化盛满了丰硕的物质果实，但是在文化上却有文化工业化的弊病，文化的高雅之价值引导的趣味逐步丧失，更多的变为文化的平庸的现实表达，缺乏了引领的功能。解构主义等后现代化文化对现代化文化已经进行猛烈地批判。我国在现代化浪潮中应该思考建设何种现代化文化，以成为中国发展的精神支撑。

在现代化进程中，文化在日常行为中的缺失也使建设与时俱进的现代化文化迫在眉睫。

例如，共享经济的发展已经要求人的主体性具有公共文化性。共享单车遭受到的种种厄运许多都是人为的结果，成为人的文化上的污点。公共文化是随着人社会性的范围的增强而对文化提出的新要求。共享单车遭到的毁坏、被私自上锁、被拆卸等命运则体现了公共道德文化的不足。拆卸共享单车等行为，是把共享使用权窃取为所有权，这都违背了文化之道。文化是人的第二天性，文化是让自己不仅成为自由的人，更是要让他人成为自由的人。中国之文化怪现状是一方面我们有几千年的文化，言必称孔孟，另一方面很多人却在行动中都做不到狭义的"己所不欲勿施于人"的道德。再者，中国作为社会主义国家，集体主义教育由来已久，与公共精神如出一辙，在涉及公共事务时却言行不一致。这些都成为文化的致命痛点。如何把所学变为所为，如何把中国有5000年历史的优秀文化在人们的日常生活中展现和体现出来，这是中国文化哲学要解决的重要问题。正如第24届世界哲学大会主题："学以成人"，如何让人在真正意义上成为人，这是个文化与哲学的关键问题。

在全球化背景和中国现代化进程中，应如何批判吸收传统文化，应如何避免西方现代化及其现代化中的文化弊病，构建有中国特色社会主义现代化文化，使中国人更快地成长为现代化的自觉主体，这些问题都需要文化哲学来做解答。

第三节　文化哲学的研究范式综述

文化与哲学的关系作为文化哲学的元问题，如果这个问题没有解决好，那么文化哲学范式本身就会存在本体论的质疑。但至今，人们对文化的定义、文化与哲学的内在关联还不甚清晰，这个问题成为文化哲学的"阿喀琉斯之踵"。因此，对于这个问题还需要进一步梳理与解答。

纵观文化哲学的文献，对文化与哲学关系的探讨大致可分为三类：

第一类是文化的哲学研究。即站在哲学的立场上来对文化进行哲学审视，是对文化进行哲学的研究所构成的"文化哲学"。20 世纪 80 年代的文化哲学的研究，更多的是这个层次。这种研究最根本的特点就是用哲学的方法研究文化，这种研究具有整体性和深刻性。

比较有代表性的有两本著作。其一是许苏民先生在 1990 年出版的《文化哲学》。该成果是从哲学视野对文化进行研究，以"整体性"取胜。把文化哲学理解为关于历史的、现在和未来的人的哲学，即哲学就是人学，是人类对自己的文化发展和文化传统的全面的反思。其二是陈筠泉、刘奔先生主编、1996 年出版的《哲学与文化》，它以"深刻性"取胜。这种深刻性主要表现在，它用哲学的武器，尖锐地批判了"文化热"中的种种浮躁和偏颇。

但在这种建构中，文化与哲学的关系还是外在的，是两个彼此各具完整规定性的事物之间的关系。而且研究者的思维深处，是用哲学的显微镜对文化的标本进行探察，以文化为载体，哲学为方法，强调的是对文化的"哲学"研究，目标对象是"改造文化"。

第二类是哲学的文化研究。即站在文化的立场上，对哲学进行审视与重建。以李鹏程先生的《当代文化哲学沉思》为典型代表。首先他确定"哲学应是文化学"，之后开始对哲学自身进行文化的改造，从根本范畴存在、世界、时间、空间进行改造，构造文化学的"哲学"体系。但是，哲学与文化的关系仍旧是外在的，是用文化的放大镜对哲学标本进行观察，是以哲学为载体，文化为方法；强调的是对哲学的"文化"研究。

第三类是文化与哲学的互融互动。哲学借用了人类学的日常生活之范畴为基础，建构以人之生存模式为底蕴的文化哲学，以衣俊卿的《文化哲学》为代表。这种"文化哲学"中，文化已不与经济、政治、科技、自然活动领域或其他具体对象相并列的一个具体对象，它把文化与人紧密连接在一起，他改造了文化的哲学意蕴，即文化其实是内在于人的一切活动之中，是历史凝结成的稳定的活动方式。文化的改造同时也改造了哲学的路径，哲学不再是僵死的理论体系，而是内在人类历史和人的生存之中的一种生生不息的涌动的理性活动和文化建构。

在文化哲学研究的前两个范式，不论是文化的"哲学"研究还是哲学的"文化"研究，其实都是两者相互试探，一方为主体，另一方为客体的探究过程。在这个探究过程中，努力实现文化与哲学的相互转化。文化与哲学还是不同的事物，强调两者相互审视，不断向对方靠拢的过程，但均没有实现文化与哲学的内在互融互动。这里所谓的"互融"是说，文化哲学意蕴中的文化与哲学，是"共享同一界域"，在本质上内在地融为一体，并不是文化来侵袭哲学界域或哲学侵袭文化界域，从而形成所谓"文化的哲学研究"或"哲学的研究"；所谓"互动"，意思是说，文化哲学意蕴中的文化与哲学，并不是文化为主、哲学为从或哲学为主、文化为从，而是张力适度、相辅相成。

第三类文化哲学研究已经提出了文化与哲学的相融互动关系，探究了在人的生存模式上的两者之间的内在关联，但不足之处是存在本体论证缺乏问题。另外还存在视域狭窄的问题。它主要集中于对人的日常生活的批判，却把科学排除在其研究视野之外，不能不说这必然导致文化哲学自身的缺陷。

第四节　本书研究的价值与创新点

文化哲学的元问题，文化与哲学的关系不仅是关于文化哲学合法性的理论问题，也是解决文化冲突和中国特色文化现代化的实践问题，同时还关系到中国文化自信的根基问题。因此，该问题具有重大的理论意义和实践意义。本书旨在通过属于文化哲学的本体论范畴概念——文化的哲学意蕴的探讨和文化与哲学的关系来论证文化哲学存在的合理性及现实性。

一、本书研究的价值

文化与哲学的关系问题也就是文化哲学何以可能问题，是一个学术问题，而且是文化哲学存在的本体论问题。如何诠释文化，如何理解哲学，文化与哲学是何种关系，是文化哲学所要回答的首要难题，它涉及了文化哲学自身存在的合理性。这无疑也是对哲学的存在价值根基的进一步夯实，以更凸显"哲学存在感"。

学术问题是对现实问题的提炼。正如邹广文教授所说："这种社会自觉或文化自觉的呼唤，是奠基于哲学思维自觉的基础之上的。从这个视角来看，合理说明'文化'与'哲学'何以关联的内在根据，这是确立文化自觉的必要前提。"❶ 这也是个现实问题，文化是一个国家、一个民族的灵魂，文化自信与文化自觉是现代中国要解决的问题，而哲学作为文化的精华，哲学自觉是文化自觉的根基。所以本选题有重要的理论意义与实践

---

❶　邹广文．什么是文化哲学［N］．光明日报，2017－06－19（15）．

意义。

另外，文化与哲学的关系问题，不仅关系到哲学生命力的复兴，而且关系到中国哲学在世界哲学中的位置与发展。文化与哲学的融合与互动在哲学发展中一直存在，或是作为哲学发展的一支或是作为哲学的地区发展特色存在。中国哲学无疑是以生活为基础的哲学，中国哲学的先天属性就具有文化性，但是正因为中国哲学的"文化"色彩极浓，反而成为"中国没有哲学"的诟病。而西方哲学以海德格尔和德里达等人代表的后现代哲学的典型特点是"以生活为基础的哲学"，在这一点上，哲学回归到文化家园的特征日益明显。如中国的哲学把握历史机遇，在传统的基础与现实的批判与建构中自觉创造自身存在，在创造性转化中凸显中国哲学的智慧，必然能迎来中国传统哲学的复兴与中国现代哲学的辉煌。而哲学的自觉必然成为文化自觉的强大基础，中国哲学的自觉与自信必然推动中国的文化自信与自觉。

二、本书研究的创新点

本文重提文化与哲学的本体论关系的论题，并且以"文化是哲学的家园"的诗意语言作为内在的人文意蕴，力求在本体论高度论述文化与哲学的关系，真正实现在广阔的文化视域内建构与哲学内在本质的关联，确立文化哲学学科的合理性。我力求有所突破的是：

1、从文化的渊源对文化本质进行了概括与总结。从哲学层面把文化定义为：文化是人特有的处理人与自然关系上兼顾自然需求、处理人与人关系上以教化为主要目的与手段的求真、向善、臻美的活动及其成果。这样，就把文化与历史分开，因为历史中有恶和暴力的因子；把文化与知识分开，主张文化的知行合一的本质特征，文化是真善美的思想与行为的统一。

2、对文化与人的关系进行析理。把"文化是人的本质"作了"实然"与"应然"的区分，确立了"至文"与"渐文"两种境界来表述人与文化的关系，人到达"至文"之境时，文化才成为人的本质，而在历史中和现实中，人是行走在"渐文"的路上，还未真正成为完全文化的人。

3、以典型案例分析方法展开文化与哲学的关系的考察。以经济学与数学为例，有说服力地说明了哲学与文化的互生互融互动的内在关联。实现哲学与文化在宽广的视野中内在的融合互动。

4、对"拒斥形而上学"的文化哲学路径进行批判与重建。文化哲学在人的生命表现的层面要重视"化人"的问题，注重哲学面对普通个体的形态，实现文化的"化人"工程，逐步提升人的文化性；文化哲学要"重回形而上学"，恢复宇宙学的传统，与科学对话、交流，使哲学矗立在科学大厦的基础上，实现其作为文化的精华之"文化的文化"的功能。

5、在哲学与文化关系的历史考察与本体论论证的基础上，把文化与哲学融为一体，实现"文化是哲学的家园"的人文命题，奠定文化哲学理论的基础。

第一章　文化的哲学意蕴

　　文化哲学中要解决的首要问题是文化。因为哲学之名为"文化"哲学，文化是文化哲学的最基本研究对象。所以，研究文化的哲学意蕴首当其冲。并且如何定义文化还关系到文化哲学是一个部门哲学还是一个新的哲学形态？如果把文化定义为人的日常生活范式，显然，文化哲学就仅仅成为一种部门哲学。

　　文化的确非常重要。在马克思的社会结构中，文化是上层建筑的一个组成部分，是由生产力所间接决定、由主导的生产关系即经济基础直接决定，从而与生产关系直接发生相互作用、与生产力间接发生相互作用的范畴。但是，在对马克思主义理论发展的文化唯物主义的观点中，文化在社会结构中的位置与作用变得大不相同。文化唯物主义是英国当代文化理论家雷蒙·威廉斯阐发并倡导的一种理论与方法，它把马克思的社会结构中的作为上层建筑的文化从塔尖上进行了下移，把其变为与经济、生产力一样的基础，成为社会发展的直接生长点。即把文化对社会的间接反映的介质性还原为直接性。这种理论虽然片面夸大了文化的作用，但是从一个侧面也反映了文化对社会发展的重要性。

　　文化对社会和人类的发展非常重要。但是，在人类社会中总是实践先行。第一次工业革命已经过去了200多年，但经济学家目前为止也没有研究清楚的一个问题是为什么工业革命在英国发生。文化哲学的发展也一样。文化在历史上发挥作用之久，几与人类历史等长。但是对文化的哲学研究则从新康德主义才开始，至今才有150多年的历史。

美国的人类学者克洛依伯曾经指出：现代学者在人类学中对"文化"这一概念的发现，其意义之伟大，可与哥白尼提出"日心说"相比。发现"文化"的概念是何其伟大的事情，但是赋予文化以确切的定义则是更加伟大的事情。但就目前而言，文化的定义依旧是悬而未决的问题，盛行的文化的哲学定义要不就是等同于历史一样的泛化的"人化"的含义，要不就是文化人类学的"生活方式"移植。其实"文化"概念自产生以来，便纷争不断，但凡知名的人类学家或文化理论家、哲学家，无论其研究领域是广泛还是偏窄，终归要为阐发其文化观而卷入文化论战中。

文化的定义如能借助文化的反义词也许能进一步明晰其义。文化的反义词是什么？反义词是深入了解文化概念的一个路径。文化的近义词是文明，文明反义词是野蛮，那么文化的反义词呢？正因为缺乏与文化相对立的反义词，所以，文化肯定意味的内涵才不容易彻底地揭示。

第一节 文化观的溯源

以往理解文化更多的是从西方"文化"的词源来理解，而忽视了"中国智慧"，即中国的"文化"概念的溯源。仅仅从西方"文化"词语的来源看，只是揭示了文化内涵的一个方面，只有关照东西方"文化"概念的生成，才能对文化概念有进一步深刻地认识与解读。

一、文化的汉语词源解读

从语言学的角度而言，分析词语从词源开始是一个文化策略。因为文化概念的词源分析可以帮助我们分析其内在的深层的涵义。我们从"文化"词源与语义学的基础开始，进而深入理解文化之本义。

"文"的本义，是指各色交错的纹理。《易·系辞下》载："物相杂，故曰文。"《说文解字》称:"文,错画也,象交文。"韩康伯注:"刚柔交错,玄黄错杂。"《礼记·乐记》:"五色成文而不乱。"清代王夫之在《读四书大全说·论语·泰伯篇十二》中写道:"异色成彩之谓文,一色昭之谓章。"从中可以看出,原初的"文"强调的是"杂""交""画""色",即色彩纷呈的纹理,包含了古人的关系思维与艺术之美。

而后,"文"的意义延伸为纹理、花纹或字。《左传·昭公元年》中曰:"于文皿虫为蛊。"杜预注:"文,字也。"这种用法一直延续下来,唐代张九龄的《敕岁初处公》文中曰:"我玄元皇帝着《道德经》五千文,明乎真宗,致于妙用。""文"之后可延伸为文章、韵文、文采等。

"文"之动词则艺术气息体现更为明显。"文"动词本意为修饰、文饰。《礼记·玉藻》:"大夫以鱼须文竹。"孔颖达疏:"文,饰也。""文"这个装饰不仅是物质上的装饰,而且可以衍生为精神上的装饰。《论语·宪问》:"文之以礼乐,亦可以为成人矣。"晋代袁宏《后汉纪·明帝纪上》:"后文之以采章,昭之以风雅。"《老残游记》第十一回:"大都皆有辩才,以文其说。"这个文不仅是刻画色彩的装饰之纹饰,而且更强调了礼乐文采的文饰、辩论的修辞、文章的文采修饰。

之后装饰之"文"延伸为过度之"文",即成掩饰、粉饰。《论语·子张》曰:"小人之过也必文。"宋代王安石《芝阁记》:"祥符时,封泰山以文天下之平,四方以芝来告者万数。"也就是小人常常用各种修辞掩饰自己的过错,君王时常"粉饰"太平。后"文"通假"紊",即过度的错交为乱。《书·洛诰》:"王肇称殷礼,祀于新邑,咸秩无文。"王引之在《经义述闻·尚书下》:"文,当读为'紊',紊,乱也。《盘庚》曰:'若网在纲,有条而不紊。'《释文》:'紊,徐音文。'是'紊'与'文'古同音,故借'文'为'紊'。""文"之动词之过呈现了"文"的度的问题,"文"之具有与现实相符的真实之意"文"之过即为不真实。

从以上"文"之名词与动词本义,从"文"之名词从"错画""杂色"到"字""纹理","文"之动词从"修饰"到"粉饰""紊乱",这之中不仅呈现了"文"是人的符号活动,而且也体现了"文"之美的向度，更有"文"之真的向度。

"化"字本意即为改变人心风俗的教化、教育。《易·乾》："善世而不伐，德博而化。"清代顾炎武《郡县论》："化天下之士使之不竞于功名，王治之大者也。"也就是说，化的本义是"改变"。但是这种改变不是突然的、暴力的改变。化的引申含义主要有以下四个：（1）"化"为受感化、受感染。宋代李如篪在《东园丛说·语孟说·瞽瞍底豫》中曰："夫人日与善人居，则不能不化而善，与恶人居，则不能不化而恶。"即与善一起，则感化而善，与恶人一起，也受影响而恶，"化"指慢慢地改变；（2）"化"为习俗、风气。也就是久染成习之意。汉桓宽《盐铁论·本议》："散敦厚之朴，成贪鄙之化。"（3）"化"为治、太平。《后汉书·仲长统传》："君子用法制而至于化，小人用法制而至于乱。均是一法制也，或以之化，或以之乱，行之不同也。"主要用于唐朝，为了避高宗李治的讳，所以改"治"为"化"。（4）"化"为变化、改变。如南朝梁刘勰《文心雕龙·指瑕》："斯言一玷，千载弗化。"也就是君子一言，千年不改变。值得注意的是，"化"在改变的意思之时，不仅强调了以往"化"的量变、渐变，而且强调了质变、突变，这个质变就是新质的产生。《礼记·中庸》："动则变，变则化，唯天下圣诚为能化。"在此，"化"与"变"区分开来，化代表着质变，新生事物的生长和化育。《礼记·乐记》："乐者，天地之和也……和，故百物皆化。"郑玄注："化，犹生也。"

"文"与"化"各有其意，把两者联合为一个概念，也是经历了一个过程。把"文"与"化"置于统一语境之中，在中国历史上出现的很早。有两句话在中国文化历史上非常重要，它传递了关于"文化"的最初信息。《周礼》："观乎人文以化成天下"；《易经·贲卦》："文明以止，人文也。观乎天文，以察时变；观乎人文，以化成天下。"在这里，我们可以得到以下的结论：第一，"文明以止，人文也。"说明在中国历史上"文明"是早于"文化"而出现。《易经》中的意思是说：文明的巅峰就是人文。即达到了文明，人们就掌握了人的纹理与规律。这里区分了"文明"与潜在的文化"人文"之间的关系；第二，"观乎天文，以察时变；观乎

21

人文，以化成天下。"从中可以看出"人文"与"天文"之此早于"文化"一词的出现，并且"人文"与"天文"是对立出现的。天文是代表宇宙、自然的纹理即规律，而人文代表人的纹理、规则、秩序和规律。观"天文"与"人文"的作用是不同的，观天文是为了看到时势的变化，深知人文能教化天下人以改变天下；第三，虽然没有"文化"的改变出现，但明确出现了"人文"与"化"之间仅用"以"一词作为中介的连接，可见，"文化"就是"人文以化"的简写或缩写。这种连接使中国的"文化"天然带有人文主义色彩，即带有明显的人与人的社会关系的性质。

根据《汉语大辞典》，汉语最早出现"文化"一词是在汉代。汉代刘向在《说苑·指武》中书："凡武之兴，为不服也，文化不改，然后加诛。"晋代束皙在《补亡诗·由仪》中书："文化内辑，武功外悠。"前蜀的杜光庭在《贺鹤鸣化枯树再生表》中曰："修文化而服遐荒，耀武威而平九有。"可见，"文化"一词在最初的意思是以文化教、文治教化。"文化"与"武功"是反义词，"武功"是以武力功夫来解决，即是"耀武威"，而"修文化而服遐荒"即文之教化则使人心悦诚服。

我们现代意义的"文化"是19世纪末从日文转译而来的。文化在现代词语的意思是基本等同于知识，是指运用文字的能力及具有的书本知识。如说"他是个文化人"，即是说"他是一个有知识的人"。引申的含义为现在所用的广义的文化概念，包含着人们在社会历史实践过程中所创造的物质财富和精神财富的总和。在特指中基本是指精神财富类，如教育、科学、文艺等。在此基础上，文化可以变为物质文明即精神财富的结晶体，成为考古学用语，是指同一历史时期的不依分布地点为转移的遗迹、遗物的综合体。同样的工具、用具，同样的制造技术等，是同一种文化的特征。如仰韶文化、龙山文化。

总结中国"文化"词源，可以解决"文化"定义不确定性的一个缺憾，即在西方的文化词源中找不到明确与文化相对应的反义词，而这一点在中国"文化"词源中可以清晰可见："文化"与"武功"相对。这一点非常重要，可以帮助我们更加明晰"文化"概念的内涵。

　　中西方哲学家，往往在"文化"的广义概念中，把文化定义为所有人类所创造的物质、精神、制度的总和。其实，这是典型的西方文化观的解读，在此文化观中，"文化"与"历史"的含义是等同的，文化与"自然"成为反义词。2017 年，仰海峰教授在文章中总结道："广义文化的内容非常广泛，指与人相关的一切行为与结果，是与自然相对应的概念。在这个意义上，只有与自然相对比，才能理解文化的意义。"❶ 这样，文化就与历史概念相混淆，这导致文化概念的不清晰或者常常被"历史"一词取代。并且以这种方式来定义文化，把一切创造的过程与结果都归为文化，而人所创造的物质财富、精神财富和制度都是对人有用的，这样，往往把"文化"变为一个"实用主义"的哲学范畴，而忽略了文化所具有的人之为人的理想价值内涵。

　　而中国的"文化"概念主要是以人文而教化。文与武相对，主要是依靠精神与思想、道义等软性的力量使人心悦诚服，而不依靠暴力进行强制的征服。依照中国文化的原意，"文化"更强调以软实力的说服而不是武器的征服而进行的教化与改变。依照此意，武器等是不应在文化之列的。从中我们可以看到，文化是一个有方向性的矢量，文化不再是人类所创造精神的全部发挥的产物，不是人类所创造的一切的器物和精神，而是人类所创造的以说服、论理来解决矛盾的一种方式，以这种方式来创造的有利于、有助于和谐共处的器物和精神才称之为文化。

　　在中国"文化"词源上所获得的含义，有两点重要意义。

　　第一，只有在这样文化的定义下，文化才能与历史剥离。如果把文化定义为所有人类创造的器物、制度、精神，那么所有的历史都是文化史，所有的文化史形成了人的历史，文化的定义没有凸显其自身独特的内涵。在历史中，面对矛盾有两种力量：文化与暴力。暴力在历史中的作用，黑格尔给予了肯定，暴力也是推动历史发展的一种力量。

　　只有把"文化"与"历史"进行分离，人才能对"历史"进行"文

---

❶　仰海峰. 文化哲学视野中的文化概念——兼论西方马克思主义的文化批判理论［J］. 南京大学学报（哲学·人文科学·社会科学），2017（1）：12.

化"的批判。文化是人以论理解决矛盾的一种方式和方法，它与暴力相对。例如，原来盛传"活吃猴头"，人赋予了文化，还有前几年的环保片子呈现的丹麦人对海豚的围捕，此种行为决不能赋予文化，决不能以历史悠久、历史既定而洋洋自得或者自称之为文化的继承，它可以说是历史的继承，但决不能称之为文化的继承。这种"先有"必须要经过文化的洗礼，才能成为人的行为。虽然人从类的归属来说，人还是动物，还不能完全摆脱食肉的特性，但是体现人的文化的是不同于动物的野蛮猎食的方式，是人赋予动物、植物等合理的生存权和死亡权。所以，当我们批判"历史"行为的时候，是对"历史"进行的"文化"批判。

第二，只有在中国词源上理解文化，才能凸显文化人之为人的意蕴。中国对文化的理解是只有人类所创造的直接有利于、有助于人与人、人与自然和谐共处的器物和精神才可以称之为文化。在这样文化的定义上，文化才能如同梁漱溟在《东西文化及其哲学》中所说："文化是人类生活的样法。"文化才能体现本质含义：即人之为人的活动及成果，成为人与动物的分界线。站在现实的角度，人与动物有许多差别：如制造和使用工具、使用语言等。但是这些差别更多的是事实层面的，而没有包含价值层面的，还不能完全作为人之为人的本质属性。

人所处的世界中充满矛盾，有人与自然的矛盾、人与人之间的矛盾、人与自身之间的矛盾等。而文化作为一种主体性的行为、思想、结果，是在面对客观对象时，尽可能顺应客体的规律，是在尽可能人道地对待客体的情况下满足自己的需要的方式、方法、活动、思想，从而逐步创造出人与自然之间、人与人之间的平等的和谐、融合状态的生存和生活方式。动物世界的生存法是弱肉强食的暴力行为产生的"丛林法则"，而人的世界生活法则应是在最大程度对"丛林法则"抑制的基础上，建构平等的和谐共处法则。当排除了人的动物性的暴力、侵犯等行为，每个人都讲理，都以理服人，世界才称之为文化世界。现今的世界，依然充满了暴力，某某国炮轰某某国等的暴力行为依然存在，因此，现实的世界并非完全是文化世界。

在此种文化的意义上，人的历史性与文化性才能分离。黑格尔说：凡是存在的都是合理的，这是针对历史而言。海德格尔认为，人的理解首先存在着三个先决条件，"一是'先有'（Vorhabe）。人存在于一个文化中，历史与文化先占有了我们，而不是我们先占有了历史与文化。这种存在上的'先有'使我们有可能理解自己和文化。二是'先见'（Vorsicht）。'先见'是指我们思考任何问题所要利用的语言、观念及语言的方式。……三是'先知'（Vorgriff）。'先知'是指我们在理解前已具有的观念、前提、和假定等。"❶ 很多人把这三个"先"，理解为人先天所具有的文化性，其实这只是在事实上说明了人出生所具有的充足的历史性，而没有直接具有充足的文化性。因为文化往往不是与生俱来的、天然的事物，而是要经过后天的理性的思考，以理性先导，反思与批判先有、先见、先知，去除了先有、先见、先知中的"非文化"的部分，从而以正见来看待和对待世界与人的活动。

从以上考察可以得出"文化"的以人文教化之意及"文化"与"武功"的相对性，对从哲学上理解文化有重要的价值。

二、文化的西方词源解读

根据威廉斯的考察，在西方，文化最接近的词源是拉丁文 cultural，这从最初的古希腊罗马拉丁语 colere 而来。而 colere 意蕴丰富，具有居住（inhabit）、栽种、保护、朝拜等含义。而进一步考察 Cultura，则具有栽种或者照料的意思。Cultura 的法文形式是古法语 couture 与 culture，意蕴是在农事方面照料动植物的成长。其中，culture 在早期用法中是表示一个"过程"的名词，意指对某物的照料，基本是对农作物或动物的照料。Coulter 意指犁头，源自于拉丁文的 culter。从 16 世纪初开始，照顾动植物的成长的意思被延伸为"人类发展的历程"。摩尔写道：对于他们心灵的陶冶

---

❶ 殷鼎：理解的命运［M］. 上海：三联书店，1988：255.

（culture）与益处；约翰逊写道：他忽略了理解力的培养（culture）。

这种意义不论在英文还是法文、德文中意义基本相同。在法文中，一直到 18 世纪，culture 总是伴随着一个含义，指"正在被栽培或培养的事物"。在德国这个词来自法文，18 世纪末拼为 culture，19 世纪拼为 kulture。它的本义是土地耕种，动植物的培育。由于词源就有人们在自然界中劳作，从中取得收获物的意思，18 世纪以后，其含义演化为教养，精神修养以及引申为一定时代、一定地区的全部社会生活内容等，即有了教养和摆脱自然状态而通过久经锤炼得以存在的意思。❶

可见，在西方文化中"文化""最重要的含义就是从"耕种或照料"而来，而"耕种或者照料"的最本质是一种"繁殖自然物"的生产方式，这是只属于人的一种生产方式。这里体现了人与动物的生活的界限。

对中西方文化概念的分析并不是一种表象分析，因为"文化"概念中体现了一个民族世界观、价值观的深层内涵。在厘清"文化"概念语词语义的来龙去脉后，我们可以解读出"文化"概念中蕴含着民族的生活经验与感悟。

在这里，东西方的"文化"带有典型的不同：第一，中国的文化更倾向于"人文"，也就是人与人之间的关系。而西方的历史中的文化更倾向于一种人与自然关系，不论原初的含义是"栽种"还是"犁"，都与农业革命息息相关；第二，中国的文化往往是与"天文"相对的，即天之道与人之道的相对性。而西方的文化是从动植物到人的移植变迁过程，体现的是一种"栽培""培养"；第三，中国的文化更倾向于人与人之间关系的善，理性特质明显，尤其以"说理"的方式来处理人与人之间的矛盾；而西方的文化更倾向于人与自然关系的真，更注重人与自然之间的、人的超越动物本身属性的获得食物的方式，而成就另一种人获得食物的方式：通过自己的劳动来使得原初的植物、动物等不断地、连续地繁殖，即生产。

但不论东西"文化"都呈现了人超越动物的属性。生命活动的性质是

---

❶ ［英］雷蒙·威廉斯. 关键词—文化与社会的词汇［M］. 刘建基，译，北京：三联书店，2016：147－155.

判定一个类特性的唯一根据。马克思说："一个种的整体特性、种的类特性就在于生命活动的性质。"● 西方文化中"耕种""照料"的生产方式彰显了人与动物生活的本质差别。动物完全依靠大自然的犒赏或者通过野蛮的猎杀获取食物，动物通过自己的生存工具直接从自然界获得现成的物品。而西方的"文化"在人与自然方面，强调了人符合自然规律的、对动物和植物的繁殖，以繁殖之物为食之来源，即通过人类的生产满足自身的需要。通过这样的路径，就保护了野生的动物和植物，其实文化本质上是人在满足自己需求的基础上对原初自然的一种呵护，也就是文化原本就与生态相连。

而东方的"文化"强调"以人文教化"，凸显了人在处理人与人之间关系的矛盾时，以说理为解决矛盾的路径。文化是最大程度地避免暴力，这其实是对人的一种呵护。这就超越了食肉动物处理矛盾的方式，即靠暴力、弱肉强食等方式来解决矛盾，这种处理矛盾的方式在动物界随处可见，许多动物哪怕是为了交配都要以暴力厮杀来解决，更别说是为了地盘。

要确切把握文化的涵义，还要从区别的角度来看文明与其差别。文明是 Civilization。最早的词源为 Civil，来自拉丁文 civilis（公民的、市民的）及 civils（公民、市民）。14 世纪出现在英文中，16 世纪获得引申 orderly 及其 educated（受教育的）。1594 年，胡克提到公民社会 civil society。从中可以看出，文明更倾向于公共性或者是人的社会性。

Civility 用来指井然有序的社会。最接近的词源为中古拉丁文 civilitas，意思是 community（共同体、社区）。17 ~ 18 世纪，civility 与 civilization 并用。1772 年，鲍斯威尔发现约翰逊在准备第四版本的字典时候，把 civilization 去掉了，只收录了 civility。到 18 世纪，尤其在 19 世纪，civilization成为普遍应用的词。18 世纪末期，civilization 的新词义是过程及确立的状态，表达了历史过程的意蕴及其确立的优雅、秩序状态。

● 马克思、恩格斯. 马克思恩格斯全集［M］. 第 3 卷. 北京：人民出版社，2002：273.

　　柯勒律治将 civilization 与 culture 做了区别：他认为 civilization 是一个好坏参半——如果它不再是一种腐蚀的力量，不再是疾病的潮红而非健康的红润。如果一个民族的文明不是根植于 civilization（教化、教养）、根植于人类智能和特质的和谐发展，那么这个民族充其量只能称为"徒有其表"——而不是文雅的民族。现代英文中，文明也与野蛮相对，并且具有复数形式的文明通常可以加上定义性的形容词，civilization 的中性特质表现明显，指任何确立的社会秩序或生活方式。❶

　　在某种意义上，文化与文明被等同运用。文明是"人类在社会历史发展过程中所创造的物质财富和精神财富的总和"❷。布罗代尔认为文明是"一个时期一个群体的集体生活所共有的各种特征"❸。在这一点上，文化与文明混同了。

　　但在文化的研究中，对于文化与文明却有不同的理解。历史学家汤因比在《历史研究》当中认为，文化与文明不同，文明包括政治、经济、文化，文化是文明的核心，文明的外延更大，亨廷顿在《文明的冲突》当中认为：文明是文化的实体，文明是人们最高智慧的凝聚化。斯宾格勒在《西方的没落》中指出，文化的宿命就是文明，文明概念的外延要比文化小得多，文明指的是文化的一个特定阶段，即文化的结束阶段，"文明是文化不可避免的归宿""文明是一种发展了的人类所能做到的最表面和最人为的状态"，弗洛伊德这样定义文明：文明是指所有使我们的生活不同于我们动物祖先的成就和规则的总和。

　　其实，文明是人类创造的一切成果，但文化只是人类创造的一切方式或者成果的一部分。并且文化更强调的是一个动态的、量的积累的过程，而文明是某一文化发展的阶段巅峰状态。文化是动态的，文明是静态的。

---

❶ ［英］雷蒙·威廉斯，关键词——文化与社会的词汇［M］. 刘建基，译，北京：三联书店，2016：92－96.

❷ 中国社会科学院语言研究所词典编辑室. 现代汉语词典［M］. 北京：商务印书馆，1990：1204.

❸ ［法］费尔南·布罗代尔：文明史纲［M］. 肖昶等，译，桂林：广西师范大学出版社，2003：26.

文化是完全正向量的，文明是好坏参半的。文化是主客体在实践过程中所形成，它伴随实践的始终，它是"人"变成"人"的过程；而文明是在一定的历史阶段人所达到的最高成就，是实体，是静态的存在，是结果，例如说，文化史要描述文化事实发展的历程，而文明史则要描述人类史各阶段文化的发展状态。

总而言之，文化是人超越动物的一种活动方式，这种活动方式体现在人在看待和处理人自身与自然关系、人与人关系时对自然和他者的呵护，在满足自己自然需要的同时兼顾自然的需求、满足自己社会需要时采取无害于他人的非攻的说理方式。在这个角度来说，墨子"兼爱非攻"集中表达了文化的内涵。

三、现代经典文化释义

在文化理论研究中，许多人类学家和社会学家从不同角度为文化下了定义。完整的定义文化，既要包括其内涵，即回答"文化是什么"，还要包括外延，即"什么是文化"。但是早期的文化概念更多的是从人类学的视角来审视，所以更多的是从具体事物层面来说明文化，即从"什么是文化"外延的角度来揭示文化。

西方最早对文化研究的文化人类学家是泰勒，他在其1871年写的代表作《原始文化》一书中阐述道："所谓文化或文明乃是包括知识、信仰、艺术、道德、法律、习惯以及其他人类作为社会的成员而获得的种种能力、习性在内的一种复合整体。"❶ 这是最早对文化进行界定的一个经典定义，并且对后来文化概念的研究产生了深远的影响。但这一概念存在两个问题：第一，只停留在文化现象的描述上，即从文化的外延角度来谈文化包括什么，并未揭示文化的本质内涵；第二，从外延的周延性来讲，他的概念只涵盖了文化的精神层面和制度层面，缺乏"物质文化"的内容。但

---

❶ 庄锡昌，顾晓鸣，顾云深. 多维视野中的文化理论［M］. 杭州：浙江人民出版社，1987：98.

他的概念是第一次明确给文化下了一个整体性定义，并且对文化的外延进行了初次的概括。

之后，美国社会学家奥格本把文化阐述为："人类社会产品的积累，包括物质对象的使用，社会制度和行为方式。"● 在书中他还谈到文化的生成机制："文化对个人的作用是通过习惯、训练、教育、技术、条件反射等形式表现出来的，这些后赋的行为方式被认为像容貌一样，是个人天生的一部分。他们成为个人心理自我的一部分，或多或少已经成为人格的稳定特征。……后赋特征被认为像遗传一样，构成个体的一个内在组成部分。"❷ 这个定义从文化的外延角度补充了"物质文化"的内容，并且突出了文化与个人之间的关系，指出了文化作为行为方式的机制：通过学习、通过心理中介作为人格的一部分发挥作用，继而成为一种行为方式。但不足是去掉了文化的精神层面的内容。

英国的人类学家马林诺夫斯基从满足人类的需要来阐述文化概念。他说："文化是包括一套工具及一套风俗——人体的或心灵的习惯，它们都是直接的或间接的满足人类的需要。"❸ "文化是指那一群传统的器物，货品，技术，思想，习惯价值而言的，这概念实包容着及调节着一切社会科学。我们亦将见，社会组织除非视作文化的一部分，实是无法了解的;"❹ 这种定义的进步在于：第一，指出所有的文化都是为了满足人类的需要而生成的；第二，指明文化与社会科学、社会组织的关系。这在一定程度上揭示了文化的层次结构，深入了文化的内部联系。但是就像我在上文提到的把文化定义为人创造的物质、精神和制度的总和有浓浓的实用主义味道一样，马林诺夫斯基的文化定义则赤裸裸地装满了人的实用主义，另外，

● ［美］奥格本. 社会变迁——关于文化和先天本质［M］. 王晓毅，译. 杭州：浙江人民出版社，1989：29.

❷ ［美］奥格本. 社会变迁——关于文化和先天本质［M］. 王晓毅，译. 杭州：浙江人民出版社，1989：16.

❸ ［英］马林诺夫斯基. 文化论［M］. 费孝通，译. 北京：中国民间文艺出版社，1987：14.

❹ ［英］马林诺夫斯基. 文化论［M］. 费孝通，译. 北京：中国民间文艺出版社，1987：2.

这个文化的定义依然还是从什么是文化的外延角度来揭示文化。

美国文化人类学家赫斯科维茨从文化的生成、传播、结果等机理来述说，他认为："文化是学而知之的；文化是由构成人类的生物学成分、环境科学成分、心理学成分以及历史学成分等衍生而来的；文化具有结构；文化可以分为不同方面；文化是动态的；文化是可变的；文化显示出规律性；文化是个人适应其整个环境的工具、是表达其创造性的手段。"❶ 这说明：首先，文化不是先天本质，而是后天的本质；其次，文化的后天本质的生成有其基础，例如生物学、环境、心理和历史等；再次，文化具有结构性、动态性和规律性；最后，文化对于人的价值是人适应环境的工具。这种文化的定义是分散的性质研究，还不具有完整性，还没有揭示文化的本质内涵。

当代美国文化人类学家克鲁克洪认为："美国人类学家所用的文化一词，当然是一个术语，绝不能与普通语言以及历史和文学上比较有限的概念相混淆，这一人类学术语所确定的涵义，是指整个人类环境中由人所创造的那些方面，既包含有形的，也包含无形的。所谓'一种文化'，它指的是某个人类群体独特的生活方式，他们整套的生存式样。"❷ "文化是历史上所创造的生存式样的系统，既包含显型式样又包含隐型式样；"❸ 克鲁克洪的文化定义具有一定的抽象性，他吸收了奥格本的文化行为方式的意味，从人类学术语给文化做了本质定义，即人类群体的生活方式，并且这种生活方式还具有独特性。

雷蒙德·威廉斯对文化有三个广义上的定义，首先，文化可以用来指"智力、精神和美学发展的一般过程"；第二种是指"一群人、一个时期或一个群体的某种特点的生活方式，无论它是一个民族的还是一个时期的，或者是一个群体的"；第三种定义为文化是用来指涉"智力，尤其是美学

❶ 庄锡昌，顾晓鸣，顾云深. 多维视野中的文化理论［M］. 杭州:浙江人民出版社,1987:118-119.

❷ ［美］克鲁克洪等. 文化与个人［M］. 高佳等，译. 杭州:浙江人民出版社,1986:4.

❸ ［美］克鲁克洪等. 文化与个人［M］. 高佳等，译. 杭州:浙江人民出版社,1986:6.

所创造的作品和实践"。❶ 总的来说，威廉斯认为文化是人们的智慧、精神和美的发展的历程，在这个历程中形成了自己的独特的生活方式，并且有实践的结晶，即艺术作品。

作为一种综合，《新不列颠百科全书》对文化做了这样的界定："文化可能被界定为人类的独特行为以及与这种行为相关的物质对象；文化有语言、观念、信仰、习俗、符号、制度、工具、技术、艺术作品、仪式、礼节，等等。"

我国对于文化的释义是从五四运动开始的。五四运动之后，我国的思想家对文化的定义也展开了讨论。梁漱溟先生在 1920 年出版的《东西文化及其哲学》一书中认为，文化乃是"人类生活的样法"，并把人生活的样法分为精神生活、物质生活和社会生活三大内容："生活就是没尽的'意欲'——此所谓'意欲'与叔本华所谓'意欲'略相近——和那不断的满足与不满足罢了。"❷ 这种文化类似于西方的马林诺夫斯基的文化观。胡适也赞同西方的文化观，他在 1926 年的《我们对于西洋近代文化的这态度》一文中，指出"文化是文明社会形成的生活的方式"。唯有陈独秀提出反驳，他力主文化的精神性，他在《文化运动与社会运动》中指出：文化是"文学、美术、音乐、哲学、科学这一类的事"❸。

我们用列表的方式来综合西方学者对于文化的内涵与外延。

	内涵	外延
泰勒		知识、信仰、艺术、道德、法律、习惯以及其他人类作为社会成员而获得的种种能力、习性
奥格本	人类社会产品的积累	物质对象的使用，社会制度和行为方式

❶ ［英］约翰·斯通雷. 文化理论与大众文化导论［M］. 常山，译. 北京：北京大学出版社，2015：2.

❷ 梁漱溟. 东西文化及其哲学［M］. 北京：商务印书馆，2010：24.

❸ 司马云杰. 文化社会学［M］. 太原：山西教育出版社，2007：4.

	内涵	外延
马林诺夫斯基	文化是包括一套工具及一套风俗——人体的或心灵的特性，它们都是直接地或间接地满足人类的需要	传统的器物、货品、技术、思想、习惯价值
克鲁克洪	某个人类群体独特的生活方式，他们整套的生存式样	人生活的样法分为精神生活、物质生活和社会生活

在现代，文化的定义基本是文化人类学的学者来确定的，而文化的概念内涵中，都体现了文化作为人类所特有的一种工具、手段、生活样式或生活方式。就以往文化人类学者把文化定义为人类群体的独特的生活方式，其实并未详细解读。如果这个生活方式中不包括生产，那么这个内涵是不完整的。原因有二：第一，生产决定生活，人如何生产，就如何生活。而不是生活决定生产。文化如果仅仅是人的生活方式而不是人的生产方式，那么文化自身就是被决定的，也就是被生产力所决定。就人类所存在的领域中，生产如果不是文化的，那么生活就不是文化的。例如，"二战"之后的福特制的应用成为一种规模生产的标准化，这种规模化、标准化带来的产品促成了同质化的大众消费，人们的生活方式随之改变。也就是生活是在消费生产的产品的过程中形成的过程，产品的同质化必然带来更多的文化的同质化，从物质来决定意识的角度而言，这一点是成立的；第二，生活方式中如果除去了"生产"，那么，就脱离了西方"文化"原有的"耕种""照料"的本义，失去了西方"文化"的词源本身就带有生产方式的特点。

第二节　文化的哲学解读

文化的定义何其多，有位中国学者统计指出："文化作为一个科学术语，1920 年以前只有六个不同的定义，而在 1952 年便已增加到一百六十多个。"❶ 而有位日本学者认为："文化的定义从来就众说纷纭，据说有关文化的定义多达 260 种。"❷ 文化概念的多义性，不确定性和歧义性，使我们很难对文化下一个放之四海而皆准的定义。从哲学层面、历史层面、社会学层面、艺术层面等角度所下的定义必定是不同的，我们研究文化是哲学层面的文化。当代美国名学者阿尔弗雷德·克洛依伯和克莱德·克勒克荷思 1963 年出版的《文化：概念和定义批判分析》对百余种不同的文化定义逐一进行解析，进而归类，得出 9 种基本文化概念：它们分别是哲学的、艺术的、教育的、心理学的、历史的、人类学的、社会学的、生态学的和生物学的。这 9 种定义中，最根本的是哲学的定义。

一、文化的哲学渊源

从哲学的立场上阐述人的本质是哲学家和思想家不可避免的工作。哲学家在探索人的生命存在及其活动时无疑要触及文化。

亚里士多德在《尼各马可伦理学》中论述人类的"至善"和"德性"，来揭示一种对于人的特殊本性的理解。亚里士多德认为万物皆有本性，皆有本性的充分实现。万物朝本性的实现过程就是德性。亚里士多德四因说即质料、形式、动力、目的，质料与形式在动力作用下结合从而实现目的。而人的德性是通过人的本质的优化过程而实现的，"如果一个人终归变得卓越，就是说他实现或完成了他所固有的人的使命"❸。"卓越"基本与"至善"等同，"至善本质上是一个目的性问题和超越性问题"❹。至善与德性密切正相关，德行越纯粹，至善就越高级，"至德"即"至善"。所以，人类完善自身，通过"至德"到达"至善"，从而实现人的本质，即人的目的。尽管亚里士多德的论述中并没有出现"文化"一词，

---

❶ 庄锡昌. 多维视野中的文化理论 [M]. 杭州：浙江人民出版社，1987：1.
❷ [日] 名和太郎. 经济与文化 [M]. 高增杰等，译. 北京：中国经济出版社，1987：41.
❸ [古希腊] 亚里士多德. 尼各马可伦理学 [M]. 邓安庆，译. 北京：商务印书馆，2009：56.
❹ 曹刚. 论至善 [J]. 伦理学研究，2014（5）：3.

但是他从更深的层面说出了人之特殊的本质"至善"。并且这种"至善"是人通过日常生活中可以追求得到的,"幸福是最高的善,这是人人皆知的事实"❶。

在西方哲学历史上,第一个明确提出文化定义的是康德。康德与亚里士多德一样都强调理性,不同的是亚里士多德认为理性是人的本性实现,而康德则强调了理性是人对自然的超越。在自然的目的那里,康德与亚里士多德分道扬镳,康德认为只有人有目的,因为自然是盲目的,没有任何的意图的必然性,不包含人类事业的理性构造,达不到真正的人的目的。这也就否定了亚里士多德的生命体都有自然目的的思想。并且他在《判断力批判》中,区分了"人的幸福"与"人的文化"。前者是"像一切有机物那样"自然的存在,后者是"自然的最终目的"——即对人来说,"一切其他的自然东西是构成一个目的的体系的"❷。也就是在人那里,才呈现了"自然的最终目的",在此基础上,他提出文化的定义:"在一个有理性的存在者里面,产生一种达到任何自行抉择的目的的能力,从而也就是产生一种使一个存在者自由地抉择其目的之能力的就是文化。因之我们关于人类有理由来以之归于自然的最终的目的只能是文化。"❸ 这里"有理性的存在者"即是人,但是从"自行决则"到"自由地抉择"其目的之能力的飞跃才是文化。在康德的哲学定义中,文化是主体的一种"自行"选择能力即自主性的选择,就是在一定的框架内由自己做出选择的能力。"自由"选择不仅是一种主体的自由,同时也是客体的自由,是在一定的程度上的主客体都自由的一种选择能力。因为仅有主体的自由主体就还不真正的自由,如同马克思说,资本家同工人一样也是不自由的,奴隶主与奴隶一样也是不自由的。

黑格尔对文化的理解同样离不开理性的世界观,他认为"哲学用以观察历史的唯一的'思想'便是理性这个简单的概念。'理性'是世界的主

---

❶ Aristotle. Nicomachean Ethics [M]. Translated with introduction. Notes and Glossary by Terence Irwin. Indianapolis. Cambridge. Hackett Publishing Company. Inc. , 11.

❷ [德] 康德. 判断力批判 [M]. 下卷. 韦卓民,译. 北京:商务印书馆,2011:95.

❸ [德] 康德. 判断力批判 [M]. 下卷. 韦卓民,译. 北京:商务印书馆,2011:97.

宰，世界历史因此是一种合理的过程"❶，并由此涉及人的本质。他认为自然无论怎样种类庞杂，也"永远只是一种周而复始的循环"，而"人类的使命和单纯的自然事物的使命是全然不同的"，人类是"一种真正的变化的能力，而且是一种达到更完善的能力———一种达到'尽善尽美性'的冲动"❷。这其实说明人有通过创造改造世界的能力，但是这种能力必须具有的特征就是"尽善尽美性"。这种"尽善尽美性"的冲动中就有亚里士多德的"至善"的种子。人类的这种类特性体现在精神领域中，而精神发展的每一阶段都有自己的特定形式，可以称之为"文化"。他认为"文化是一种形式上的东西"，"任何一类的东西能够归属于文化的领域……就是属于'思想的形式'"❸，科学、艺术、哲学都属于文化的不同形式。可见，黑格尔深刻了洞察人的理性性质及人的本质特征，并指出文化的典型特点是"思想的形式"。其实，这种思想的形式可以外化为知识，内化即是人的思想。

马克思和恩格斯很少使用"文化"一词，据苏联的凯勒主编的《文化的本质与历程》一书统计，马克思、恩格斯关于文化和文明的论述，真正使用了"文化""文明"的概念的只有13处。他们是为了反对当时的唯心史观而不愿意大量使用文化一词。但马克思也认为文明有中性性质，他指出："希腊人在文明鼎盛时期在对待女性方面仍然是野蛮人；她们所受的教育是肤浅的，与异性的交往被禁止，妇女低人一等作为原则被灌输给她们，直到她们自己也承认这是事实为止。"❹ 马克思与恩格斯似乎更是在人的本质和问题上来理解文化。马克思在《1844 年经济学哲学手稿》中指出："一个种的整体特性、种的类特性就在于生命活动的性质。"❺ 认为生产是人与动物的区别。马克思把人的生命活动与动物相比较，"动物只生

---

❶ ［德］黑格尔．历史哲学［M］．王造时，译．上海：上海书店出版社，2005：8.
❷ ［德］黑格尔．历史哲学［M］．王造时，译．上海：上海书店出版社，2005：50.
❸ ［德］黑格尔．历史哲学［M］．王造时，译．上海：上海书店出版社，2005：62－63.
❹ ［德］马克思、恩格斯．马克思恩格斯全集［M］．第 45 卷．北京：人民出版社，1985：368.
❺ ［德］马克思、恩格斯．马克思恩格斯全集［M］．第 3 卷．北京：人民出版社，2002：273.

产它自己或它的幼仔所直接需要的东西；动物的生产是片面的，而人的生产是全面的；动物只是在直接的肉体需要的支配下生产，而人甚至不受肉体需要的影响也进行生产，并且只有不受这种需要的影响下才进行真正的生产；动物只生产自身，而人再生产整个自然界；动物的产品直接属于它的肉体相联系，而人则自由地面对自己的产品。动物只是按照它所属的那个种的尺度和需要来构造，而人懂得按照任何一个种的尺度来进行生产，并且懂得处处都把内在的尺度运用于对象；因此，人也按照美的规律来构造。"❶ 恩格斯则指出了文化与自由的关联："最初的，从动物界分离出来的人，在一切本质方面是和动物本身一样不自由的；但是文化上的每一个进步，都是迈向自由的一步。"❷ 可以说，马克思在生产上把人与动物分开，这比单独强调人的生活方式的文化定义要深刻得多。

哲学是从人类本质的探讨上逐步接近文化的。人类学家格尔茨的一句话说得恰到好处："……不存在任何独立于文化的人类本质。"❸ 他虽不是哲学家，却悟出了文化的真谛。文化的哲学传统是把文化与人的本质探讨联系在一起的，把文化作为人与自然、人与动物相区别的标志，作为人的类本质，并且这种类本质给了人类无限光明的前途——自由。

二、文化的哲学内涵

文化的哲学概念必然展现与文化人类学概念的不同。文化人类学是历史和现实性的描述，所要追求的是历史和现实的事实真理；而文化哲学则必须体现哲学的本性，即哲学作为"思想的思想"，是在理性反思中以追求事物的本质为对象，是对文化总体的、本质的把握。

---

❶ ［德］马克思、恩格斯．马克思恩格斯全集［M］．第 3 卷，北京：人民出版社，2002：274.

❷ ［德］马克思、思格斯．马克思恩格斯全集［M］．第 20 卷．北京：人民出版社，1971：126.

❸ Geerts. C. The Impact of the Concept of Culture and the Concept of man ［M］．in Platt（ed）．New View of the Nature of Man. Chicago University of Chicago Press，1965：112－113.

从哲学层面讲，文化是人特有的处理人与自然关系上兼顾自然需求、处理人与人关系上以教化为主的目的与手段相统一的求真、向善、臻美的活动及成果。用墨子的话来概括文化最为贴切：兼爱非攻。兼爱是"爱人若爱其身"，是人在爱自己的同时也要爱自然和他人，在处理人与自然、人与人关系的方式是培育和教化，而不是以武力或暴力来夺取。

首先，文化是人特有的超越动物的处理矛盾的活动方式及结果。矛盾是普遍存在的，无处不在、无处不有。动物也要处理与自然、与同类的关系。而食肉动物获取食物只能从自然界直接攫取或靠武力扑杀，处理与动物之间的矛盾是靠武力与暴力。而人在处理两种矛盾时，凸显了与其本质的不同。其一，人在处理与自然关系中，满足食物需求的时候，不是靠攫取，而是靠自己的劳动进行再生产；人在面对自己的肉食性的本性时，尽可能食用自己繁殖的品类，并且在饲养与宰杀过程中尽可能人道地对待动物；人在利用自然资源的时候，不是竭泽而渔，而是考虑到自然的生存与发展；马克思说："动物只生产自身，而人再生产整个自然界；"❶ 这就是人与动物在面对人与自然关系时本质的不同；其二，人在处理人与人争端的时候，主要以理服人，而不动用武力与暴力。这才是人区别于动物的处理矛盾的方法。从这样的意义上来说：吃自己驯养的动物是文化，吃自己栽种的果实是文化，而狩猎和采集虽然都是人类的历史，但是都没有凸显人的文化特质。

其次，文化作为人所特有的活动方式。这里的活动既包括思想活动，也包括实践活动。在实践活动中，既包括生产活动，也包括生活活动。也就是说，文化不仅是一种生活方式，而且是一种生产方式。而人类学意义上的"文化"概念往往局限于人的生活方式或样式，外延过于狭窄。从根源上讲，人类获得文化是从农业种植业和动物养殖业开始。所以，文化应该首先是一种生产方式，这种生产方式主要是以培育使得动植物繁殖；在这种生产方式的基础上，人们慢慢也建构了文化的一种生活方式，这种生

---

❶ ［德］马克思、恩格斯. 马克思恩格斯全集［M］. 第3卷，北京：人民出版社，2002：273-274.

活方式在满足自己需求时尽可能地兼顾自然与他人需求的存在，进而把世间万物都当作人本身一样对待，对待自然像对待自己的眼睛，对待他人像对待自己。

再次，文化是真、善、美的统一。西方的"文化"词源，尽显人对自然之真，东方"文化"词源尽显人对人之善，并且以色杂交为美。从东西文化综合而言，文化作为人处理矛盾的特有范式，它是作为一个标志着人类在真、善、美诸方面发展水平的哲学范畴，是人的求真、向善、臻美的过程及其结果。在文化真善美的统一中，真善美不仅作为目标，而且作为手段，是目标与手段的统一。在这一点上，用恶的方式到达善的结果的手段与目的的背离不是"至善"，因此，不具有完全的文化性，也是需要批判的。

在文化的内涵上，我要再三强调其实与自然相对立的不是文化，而是历史。其实与"文化"相对立的是"武攻"，即"文"与"武"相对，"化"与"攻"相对，可以这样说，文化确实是人类独有的生产和生活的一种样式，但不是所有历史都是文化的历史，历史中从过去到现在都存有的暴力与野蛮不是人类的文化，我们不能把"酷刑"称之为"酷刑文化"。当我们说任何历史都是文化的历史，如果把"是"理解为包含，那么，这句话是对的，即"任何历史都包含文化的历史"。但是，如果把"是"理解为"等同"，即把"任何历史都等同于文化史"则是错误的。文化是人类带有善与美的价值目标的手段、方式、结果的矢量，文化是人向自由飞跃的、表征自己是人的人道的过程与结果。"历史＝文化＋武攻"。文化是最大程度释放和生发善意的过程，而历史是由善和恶两种力量来推动的。并且文化的善是自身的统一的善，即用善的方式达到善的目的，而不是用恶的方式达到善的目的，文化是善的目的与手段的统一。正如老子所言："善者，吾善之；不善者，吾亦善之；德善。"这就是"至善"之境。

三、文化的核心形式

现在学术界通常认为文化有三种形式，即物质文化、制度文化和精神文化。

文化的外层是物质层。物质文化是人类文化中最基本、最常见的构成部分，它主要包括直接满足人的基本生存需要的那些文化产品，其基本功能是维持个体生命的再生产和社会再生产。它包括所有用于满足人的各种生理和生存需要的、内含人类真善美的经过加工的自然物品和人造物品；还包括用以生产这些物品的生产工具和生产手段。物质文化最主要的两个层面是生活资料和生产资料序列，物质文化接近于物质文明的概念。

文化的中间层是制度文化。制度文化是比物质文化深一层次的文化，它是以组织的基础，主要满足人更深层次的社会交往需求而产生的合理地处理个人之间、个人与群体之间关系的规则与程序。它包括与人类的个体生存活动和群体社会活动密切相关的各种制度，如社会的经济制度、政治制度、法律制度、商品交换制度、企业制度等。

最内层是精神文化。精神文化是超越最基本的需要而产生的新的需要，是一种创造性和自由的需要。它是文化的所有层面中最具有内在性、最能体现文化的超越性和创造性本质特征的。精神文化包括个人和社会群体的所有精神活动及其成果，是以意识、观念、心理和理论等形态而存在的文化。一般说来，精神文化包括自觉的精神文化与自发的精神文化。

自发的精神文化首先是隐形的社会文化心理以及习惯、风俗、常识等，这些文化潜伏在人的心理深处，体现在人的各种活动中，常常形成人对事物的自动的应答和反应，这种隐形的文化有超常的惯性，甚至会形成惰性，使人们很难在短时间内发生变化。它是决定人们生活方式的最直接的力量。雷蒙德·威廉斯在《文化与社会》中指出"文化观念所面临的困难是，我们不断地被迫扩展它，直到使它几乎等同于我们的整个的共同生活"❶。自发的精神文化还包括神话、巫术、宗教等所代表的自发的显性的精神文化。

精神文化的最高层次是由科学、艺术、哲学等所代表的自觉的精神文化成果。这里的科学包括了自然科学与人文社会科学，而在广泛的科学

---

❶ ［英］雷蒙德·威廉斯. 文化与社会［M］. 吴松江等，译. 北京：北京大学出版社，1991：329.

中，艺术也是有规律可循的，也可以把其归入到人文社会科学中。

波普尔在《客观知识》中说："我们可以称物理世界为'世界1'，称我们的意识经验世界为'世界2'，称书、图书馆、计算机存储器以及诸如此类事物的逻辑内容为'世界3'。"❶ 在《自我及其大脑》中，他认为："如果引进三个部分的划分可使我们正在讨论的问题更显得清楚些。首先有物理世界，即物理实体的宇宙……我称之为'世界1'；第二有精神状态世界，它包括意识形态、心理素质和无意识状态，我称之为'世界2'；但还有第三世界，即思想内容的世界，实际上是人类精神产物的世界，我称之为'世界3'。"❷ 从中可以看到，波普尔所说的"世界2"是自发的精神文化，而"世界3"是自觉的精神文化，"世界2"与"世界3"构成了人的精神世界，即人的精神状态世界与精神产物世界。

文化的三层结构系统中，其中最深层、最核心的是精神文化，物质文化和制度文化都是精神文化的成果或者是外化，精神文化是物质文化、制度文化的灵魂。从这一点而言，黑格尔说的极其正确和深刻：文化是"思想的形式"。文化首先是一种人的主体所具有的思想，所以，文化是以一种"思想"的形式而存在；制度文化与物质文化都是"思想"的产物，都是思想变为现实的一种形式，即物质文化与制度文化是思想的"形式"。在"思想的形式"中，首先文化采取一种"思想"的形式存在，而后，"思想"变为现实，成为物质文化和制度文化这种思想的存在的另一种表达"形式"。

就其文化本质而言，自觉的精神文化最能体现文化的本质。仰海峰在《文化哲学视野中的文化概念——兼论西方马克思主义的文化批判理论》中认为，从思想观念的意义上来讨论文化，可以把文化划分为以下三个层次：一是沉淀在人心灵深处的文化模式，这种模式更多的是体现了人们的自发观念；二是日常生活层面的文化观念。从文化的趣味来区分，可以把

---

❶ ［英］卡尔·波普尔. 客观知识：一个进化论的研究［M］. 舒炜光等，译. 上海：上海译文出版社，2001：78.

❷ Kopper, Ecclec. The Self and Its Brain［M］. New York：Springer International, 1977：137 - 138.

日常生活层面的文化分为大众文化与精英文化；文化的第三个层面，即文化的形而上层面、人类的理想层面，它为人的存在及其历史提供最终的根据。在历史的演进中，正是文化的这一部分沉淀为人们的集体无意识，并对人们的日常行为产生直接的影响。在这个层面，文化的指向是如何让人得到真正的解放，从而实现人的潜能、实现社会的和谐。❶ 可见，以显性存在的自觉的科学、哲学等是人精神文化的内核，这是人的理性精神发挥的结果。

我们可以从直接是否是思想的形式来把文化分为一次元文化与二次元文化。典籍、科学等本身就是思想的形式，可直接确认是文化。物质文化是文化的构成部分，但不能说物质就其客体或更为确切地说物质财富就是文化。陶器是原始文化的一个象征，而陶器作为一个文化载体，承载着原始人的智慧，而留下多少智慧是需要当代人的文化作二次解读的。也就是物质文化是需要文化的人二次解读的文化。从这一点上来说，物质文化是二次元文化。根据思想的形式，文化的结构从中心到外围依次为：精神文化、制度文化、物质文化。

综上所述，哲学与科学是文化的本质的直接的表达形式。

四、文化的本质

文化就其本质来说是人的属性。而人的文化性不仅仅在于人创造了科学文化，更在于科学文化、物质文化、制度文化的文化属性都要归于自身、体现自身的过程。

（一）文化本质特点是知行合一

有形文化的第一个组成部分是文化的器物和知识典籍。这是人通过实践来表达自己文化性，人自己文化性外化为物质的过程，形成有形的文化

---

❶ 仰海峰．文化哲学视野中的文化概念——兼论西方马克思主义的文化批判理论［J］．南京大学学报（哲学·人文科学·社会科学），2017（1）：14.

世界，它以人类的器物、典籍的形态存在，人类继承下来已经固化的器物和以文字记载的典章、规范、书籍是代表历史时空中的人的文化性的外化，它们成为以往人的文化性的载体。就仿佛我们一进别人家，一看到偌大的书房和书籍，我们就会认为这是有文化的家庭，从而肃然起敬。

但是有形的文化并不能代表文化的全部。例如，虽然学富五车，但经过交往，发现此人极端自私自利，为了满足自己的利益不惜牺牲他人的利益，我们会认为，他的文化白学了。更确切地说，对此人的评价是有知识没文化。在这里，我们会更加清晰文化的内涵。知识是"文"的典型代表，但是所学的圣贤知识没有落实到个人的行为中，或者满嘴仁义礼智信并且能撰写大篇文章，但在日常行为中时常背信弃义，我们也不会认为此人有文化，只能说其有知识而已。所以，从中我们可以看出文化从有形方面的确表现为知识或者器物，但是文化的另一个更重要的体现是在一个人的日常行为中。也就是把已有的知识或者器物中所体现的知识、思想化为自己的行为才称之为文化。就如同我们一谈到文化自信，就自豪地说：我们有 5000 年的文化。但是出国时所暴露的种种丑闻却被冠以"没文化"的标签，实为有"文"而未"化"。

有形的文化形式不能断其文化，那看无形的文化，主要体现人的文化思想，思想是一个人的内在物，更是难窥其全貌。所以，思想为何物，只有通过实践来确认，即无形只有通过有形来确认，只有通过行来确认知与思。所以，就文化的存在价值而言，绝不是汗牛充栋的书籍和文物，而是要体现在人的行为中，思想是隐形的翅膀，而行动才是思想的宣言。

所以，文化从本质上是真善美的知行合一的过程。最重要的是把思想变为行动的过程，把知识和思想变为一个人的行动的过程是文化的最本质的含义。文化不应该只停留在思想层面，停留在思想中的是文，而在行动中实现的是化。所以，文化是一种知行合一的活动。文化不仅是"人化"，而更重要的是"化人"过程。

（二）文化的本质形式是人的活动方式

文化对于人，有与动物区分开来的界限之意。卡西尔在《人论》说：

"如果有什么关于人的本性或'本质'的定义的话，那么这种定义只能被理解为一种功能性的定义，而不是一种实体性的定义。我们不能以任何构成人的形而上学本质的内在原则来给人下定义；我们也不能用可以靠经验的观察来确定的天生能力或本能来给人下定义。人的突出特征，人与众不同的标志既不是他的形而上学的本性，也不是他的物理本性，而是人的劳作（work）。正是这种劳作，正是这种人类活动的体系，规定和划定了'人性'的圆周。语言、神话、宗教、艺术、科学、历史，都是这个圆的组成部分和各个扇面。"❶ 人之理性、语言、科学、哲学等文化逐步构成了人的独特的活动体系，呈现了人与动物之间的差别。正如威尔凯姆·奥斯特瓦尔德所说："把人类种系与全部其他动物物种区别开来的这些独特的人类特性，都被包括在文化一词之中。"❷

但实践往往与文化一起作为人的活动方式。如果把实践理解为具有思想实践与物质实践的两种，那么实践的范围要比文化的范围大，人的实践构成了人的历史。所以，实践与文化的区别相当于历史与文化的区别。

但文化与实践又有联系。首先，人的实践是文化的源头，在逐渐的实践中人才逐步把自己锻造成人；其次，文化体现在人类实践的创造能力、方式、过程和结果之中，文化不只是知与思，文化是要人在实践活动中体现的人的本质存在。这个实践活动既包含生产活动、也包含生活活动。人的生产方式"不仅应当从它是个人肉体存在的再生产这方面加以考察。它在更大程度上是这些个人的一定的活动方式、表现他们生活的一定形式、他们的一定的生活方式。"❸ 文化是人在历史中凝结的人的自由向度的活动方式及结果，它内在于人的行动之中，文化不仅仅是思辨性质的，脱离了物质实践，文化就成了无源之水。

如果把实践和文化都作为人的活动方式，那么人的文化的存在方式更具有人文意蕴，更能体现人的本质。

---

❶ ［德］卡西尔. 人论［M］. 甘阳，译. 上海：上海译文出版社，1985：87.
❷ ［美］怀特. 文化的科学［M］. 沈原等，译. 济南：山东人民出版社，1988：376.
❸ ［德］马克思、恩格斯. 马克思恩格斯全集［M］. 第3卷. 北京：人民出版社，1960：24.

文化就是"人化"和"化人"的统一。以往文化哲学的研究中人们都强调文化是"人化"，即人把自己转化为人的过程。但这其实只是"人化"的一个方面，"人化"其实还具有另外一个维度，即人把其他的事物与生命转化为"人"的过程。这个"转化"不是实体的转化，不是把其他事物与生命都变为实体"人"的转化，而是把其他事物与生命都看作"人"一样的主体尊重、爱护的思想与行为的转化。同时这个"人化"不仅是把自己从动物界中逐步提升为人的过程，而且也是把其他事物化为人的过程，也就是把"异己"化为人的过程。这就是"化人"，即人能对待其他事物、生命都如同自己一样来爱护。任何主体都要有对象化的过程，人的主体的过程与人的对象化过程是同步的内在关联。"人化"离不开"化人"，人在多大程度上能把他人、他物当作人，人就在多大程度上成为人。现在提倡的生态保护，还是把物当作"异己"，当人把自然真正地当作"自己"看待，人才在自然的身上看到自己，彰显自己在文化上的进步。

我们常常这样说：人们生于斯、长于斯的世界，不是纯自然界，而是打上人类烙印的感性世界，即"人化自然"。但"人化自然"的含义都是在"是人改变和创造的自然界"上使用。如果在与"文化"等同的含义上使用严格"人化自然"的含义，那就是不确切的。因为真正的"人化"自然应该是"化人"的自然，即自然成为展现了人性的自然，人也在自然中看到自己反射出来的人性。马克思说："在人类历史中即在人类社会的形成过程中生成的自然界，是人的现实的自然界；因此，工业——尽管以异化的形式——形成的自然界，是真正的、人本学的自然界。"[1] 马克思所说的"人本学的自然界"应该是"历史自然"，而不完全是"人化自然"。正是在"历史自然"中，人逐步认识到自己所具有的本质力量。但是所具有的力量的展示过程并不能一定符合人的本质，符合人的本质的力量还应该具有"尽善尽美"的价值取向。

人是实践的存在，而贯穿实践始终的则是文化的逐步升腾。人实然是

---

[1] ［德］马克思、恩格斯．马克思恩格斯全集［M］．第3卷．北京：人民出版社，2002：307.

"渐文"的文化存在，应然是"至文"的超越本能的自由的存在。马克思说："一个种的整体特性、种的类特性在于生命活动的性质"❶，人以实践的方式创造世界，而世界则以文化的方式同人相关。文化是人独特的存在方式，这种方式是"当物按人的方式同人发生关系时，我才能在实践上按人的方式同物发生关系"❷，人只有按这种文化的方式进入实践过程，世界才能日趋成为文化世界，人才能逐步成为人。

由此可见，文化是人在历史和实践中逐步地形成、发展、积淀而成的相对稳定的人特有的本质的活动方式，其核心是人自觉地建构起来的人之形象，它内在于人的实践过程之中。1980 年，罗马教皇保罗二世在访问法国期间在联合国教科文组织代表大会上发表了关于文化的演说。他说："正因为有了文化，人类才真正过上了人的生活。文化是人类'生活'和'存在'的一种特有方式。人类总是根据自己特有的文化生活着；反过来，文化又在人类中间创造了一种同样是人类特有的联系，决定了人类生活的人际关系特点和社会特点。在文化作为人类生存的特有方式的统一性中，同时又存在着文化的多样性，而人类就生活在这种多样性之中……文化是人类之所以成为人类的基础，它使人类更加完美或日趋完美。"❸

文化是人的本质活动方式，但文化表达的方式不同。文化的存在常常在文化的差异境况下的存在更为明显。人生活在自己的国家，按自己的生活方式生活，并未深刻感到文化作为生产与生活方式而存在。但人一旦被抛到跨文化的国度，则必须经过文化的冲突、适应，在一种新的文化背景下，用一种新的思想观念去生活，接受一种新的生活方式，这时人便体会到文化作为历史积淀的活动方式的作用。但是不论文化以何种特殊的表达形式存在，实质上表达的内容是相同的、普遍的。在《人文类型》一书

---

❶ ［德］马克思、恩格斯．马克思恩格斯全集［M］．第 3 卷．北京：人民出版社，2002：273.

❷ ［德］马克思、恩格斯．马克思恩格斯全集［M］．第 3 卷．北京：人民出版社，2002：304.

❸ ［法］维克多·埃尔．文化概念［M］．康新文等，译．上海：上海人民出版社，1988：9 - 10.

中，弗思一开始就写道："英国人见面致意时互相握手；法国人高兴起来就拥抱和亲吻双颊；讲礼貌的奥国人用嘴唇接触女士的手背，表示敬意；波利尼西亚人用贴紧鼻子来相互致意。这种种不同的规矩礼貌，在使用的人看来，都是合适的，可是在不使用的人看来，却是有趣的或可笑的事。"❶ 也就是不论各国人使用何种表达的形式，都是表达文化中人对人的善意，其中蕴含着尊重与爱。

文化作为人的活动方式，它是社会存在的机理。人们常说"人是生而自由的"。其实不然。人一出生就是在文化的土壤中，无论你喜欢不喜欢，都在它的培植之下，人只能生活于自己形成的社会和文化氛围中，并遵循与之相适应的生活方式。著名的哲学家特里·伊格尔顿对文化定义中，深刻揭示了文化的存在机理和人行为的内在图示："文化可以指一个社会的所谓情感结构，是社会的生活方式、习俗、道德、价值观等组成的不断变迁，但无法触摸的综合体，是习得的行为和信念所形成的渗透性氛围，它将自己相当含混地记在社会意识里，即躲躲闪闪地，辩证融入所谓的看不见的日常生活本身的颜色。"❷ 文化作为人生活的内在图示，它决定人如何生活，如何思考生活，用维特根斯坦的话说，它是思想与行动的合页，并且这种图示常常是作为前定的背景图示自发的起作用。接着伊格尔顿又指出："文化自然可指制度定义上的社会的整个生活方式，包括艺术、经济、社会、政治和意识形态等相应作用的所有成员，他们所构成生活经验的总体，决定了这样而不是那样的社会。"❸ 可见，文化不仅是个人的内在图示，而且它是社会存在的内在机理。社会是由文化所构成，社会运行就是文化系统的各个要素之间相互作用的有机整体的运作。

❶ ［英］雷蒙德·弗思. 人文类型［M］. 费孝通，译. 北京：商务印书馆，2009：11.

❷ ［英］特里·伊格尔顿. 历史中的政治、哲学、爱欲［M］. 马海良，译. 北京：中国社会科学出版社，1998：129.

❸ ［英］特里·伊格尔顿. 历史中的政治、哲学、爱欲［M］. 马海良，译. 北京：中国社会科学出版社，1999：129.

（三）文化的本质是人之为人的自由向度

文化是"人化"与"化人"的统一，是在人成为人的过程中生长和发展起来。它在本质上展现的是"人之为人"的人的本质，是人界与动物界的鲜红的分界线。

就文化是人的本质来说，是人与文化的应然；人具有文化性，是人与文化的实然。人成为人的过程是"渐文"到"至文"之路，人在现实上是具有文化性的存在。当我们说人是文化的人，说的是应然关系，是说"人应该是文化的人"。人达到"至文"之境，能以完全文化的方式看待和对待他人、他物，"文化"与人的应然关系才真正转变为现实的实然关系。人才真正成为人，真正把自己从动物界中脱离出来。

历史和现实其实是人"渐文"的过程，即人逐渐变为人本身、人的文化性逐步增长的过程。而在历史中和现实中，人是行走在"渐文"的路上，还未真正成为文化的人。可以说，没有人即没有文化的诞生，没有"渐文"的过程也没有人的生成，文化与人是不可分离的，人的进化与文化的进化在本质上密切相连的。文化就其本质而言，就是人对动物性的超越，是"人"之为"人"的过程。如果把文化比作溶质，人本身作为溶剂，那么，在人的历史过程中，就是不断提升文化溶质的质量，从而人的文化的浓度不断提高的过程。

人的文化性在历史长河中逐步进化。人的文化与文化中的人是同步进化的。在人类历史中，暴力无疑是呈现越来越少的倾向，人对待人的方式越来越人道。在文明社会中，人们之间解决问题的方式愈来愈趋近于说理的方式，在说理中交流、协调矛盾，当矛盾无法在主体间协调解决时，人类创造了法律的方式来解决问题。同时人对待自然界的方式总体来说也越来越人道。虽然在某些部分，也存在着退步。例如，中国的哲学始终讲"天人合一"，在农业文明的时期，人靠天吃饭，因此，在生存的压力下，对天即大自然存有敬畏与爱。但是在工业时代，却是随着人类创造力的增强，人日益无畏无爱地向大自然索取，一味改造自然来满足人不断提升的需求，天人合一的自然哲学转换为嚣张的主体哲学，人把自然看作是自己任意改变的对象。但是从总体历史进程而言，历史中的文化成分越来越多，人的文化性越来越强，人对待自然、对待人本身都越来越充满善意。

正是在文化与人的应然与实然角度，文化批判一方面是对"文化"本身的批判，因为"文化"的浓度不够、文化的质不高与量太少；另一方面，更重要的是对貌似"文化"而实质是"非文化"的批判。文化批判从这个角度而言是历史批判。从文化的本质来批判才能实现历史的进步，文化每前进一小步，都是人类历史的一大步。

文化呈现了人超越动物从而实现自由的典型特征。

首先，人的生命是有限的，人作为有限的存在，可以通过自身的创造物——文化的精神及价值，超越作为有限存在的一切界限，以展现自身的过去、现在、将来生命意义的延续。这里"未来"的命题对人的生存及发展具有重要意义。"关于未来的理论的观念——这种观念是人的一切高级文化活动所非有不可的先决条件……它与其说是一种单纯的期望，不如说已变成了人类生活的一个绝对命令"。❶ 动物的生存中不会意识到自己的生命的有限性，而人具有生活的有限性即"死"的认识，人能明确意识到自己生命的有限性，因此，人才要在有限性中寻求自我的突破，在有限度的时间内最大可能的为自己创造未来。人对文化的继承与创造催生了人未来的向度。

其次，动物的生存空间是有限的，人作为文化之存在却能够超越现实世界的局限，在意义领域寻找新的生存空间并在一系列可能性的活动中再现生命的价值和意义。在空间的知觉上，人具有独特的表现形式。按照从低级到高级的顺序排列，最低层次的空间意识是有机体的空间，即行动的空间，直接表现为人与自己生存环境的空间距离感和方位感。人却能凭借符号思维在更高级的空间知觉上体现着巨大的优势，人在空间上可以容纳历史，可以容纳未来；人有对象意识，更有自我意识，人能审判对象，也

---

❶ [美] 卡西尔. 人论 [M]. 甘阳，译. 上海：上海译文出版社，1985：70.

能自我批判，人的批判维度不仅是真的实用性上，而且在善与美上进行自我的批判与改造。通过这种复杂和艰难的思维过程达到对对象和自身的总体概念，"正是这种观念，不仅为人开辟了通向一个新的知识领域的通路，而且开辟了人的文化生活的一个全新方向"❶。由此可见，人的文化存在具有拓展生存空间的价值意义。

再次，人与人之间的交往受时间和空间的限制，但是人却能够通过自己创造的文化扩大人与人交往活动的范围，从而促进人与人之间的互动关系。交往本质上反映的是人与人之间的关系，一旦将交往置于人——文化系统中，符号对交往的特殊作用就明显地体现出来。匈牙利文化社会学专家 H·维坦依指出"符号之所以产生，是因为共同的活动必须以信息、交往为先决条件；"❷ 因此符号的表达——传播接受——影响——使用构成了人与人交往活动十分重要的环节，这就是人的特殊交往形式。可以说，以符号为中介的交往活动是主体间的交往活动。由此，人之文化存在命题本身已包含着联结主体间的活动意向，这一超越时间、空间的人际交往形式，表明人的存在将突破个体存在的一切界限与他人联结为一体，而符号是沟通、扩大人与人交往的中介。吉登斯就把人类历史的起点设置在书写的历史上，虽然不正确，却说明了文化的重要性。

文化作为人的活动方式，是以象征符号为媒介手段和表现形式。所以文化传承最重要的是通过传统与教育。传统是言传身教的人的活动范式母版，教育是文化符号传递的文化信息。文化符号是带有特定的意义和价值的象征符号，它类似于生物的遗传密码或计算机的软件程序，而人就是通过传承具有了人的文化密码。卡西尔在反思"人是理性动物"的命题时，就指出人与动物的不同是"人不可能过着他的生活而不表达他的生活。这种不同的表达形式构成了一个新的领域。"❸ 因而"我们应当把人定义为符号的动物来取代把人定义为理性的动物。只有这样，我们才能指明人的独

---

❶ ［美］卡西尔. 人论［M］. 甘阳，译. 上海：上海译文出版社，1985：56.

❷ ［匈］H·维坦依. 文化学与价值学导论［M］. 徐志宏，译. 北京：中国人民大学出版社，1992：64.

❸ ［德］卡西尔. 人论［M］. 甘阳，译. 上海：上海译文出版社，1985：283.

特之处，也才能理解对人开放的新路——通向文化之路"❶。狼孩的例子验证了文化的表达形式即语言的重要性。狼孩就因无法掌握交流的语言致使脑萎缩最后其陷入死亡的陷阱。

最后，人在衡量自己的尺度上对美的无止境追求，推动人不断超越。马克思说："动物只是按照它所属的那个种的尺度和需要来构造，而人却懂得按照任何一个种的尺度来进行生产，并且懂得怎样处处都把内在的尺度运用于对象；因此，人也按照美的规律来构造。"❷ 动物只是按照自己的种的尺度即本能去活动，人既能按照物种的尺度即物的规律去生产，也能将人的内在尺度即人的目的性运用到对象活动中去，人的活动就是真善美的统一。

由此可见，文化是人在历史中凝结的人之为人的自由向度的人的活动方式。人与文化的统一过程就是人的生成过程，当人与文化完全统一于"至文"之境时，就是人真正成为一个独立的类的"人类"屹立于世界的时候。

---

❶ ［德］卡西尔. 人论［M］. 甘阳，译. 上海：上海译文出版社，1985：34.
❷ ［德］马克思、恩格斯. 马克思恩格斯全集［M］. 第 3 卷. 北京：人民出版社，2002：274.

第二章　哲学与文化的内在相通性

通过对文化概念的哲学内涵的确定，我们明确了文化哲学研究的对象：一方面是文化的核心形式：哲学与科学；另一方面是文化的本质形式：人的活动方式。也就是文化哲学的内容至少覆盖这两方面，才可以称之为一种哲学范式，而不是与法哲学、社会哲学等并列的部门哲学。在明确了文化哲学应该面对的研究对象之后，我们再接着考察：哲学何以能够研究文化？哲学何以能把文化作为研究对象？

第一节　哲学的本性与文化

一、哲学的本性

中国古人有"哲学"，而无"哲学"一词。据《汉语大辞典》，哲的本义就是明智、有智慧。《尚书·皋陶谟》："知人则哲。"孔传："哲，智也。"晋代袁宏《后汉纪·桓帝纪》："视之不明，是谓不哲。"可见中国虽无哲学一词但早有智慧之学。日本近代史上著名的启蒙思想家、哲学家西周在 1874 年首次公开把"Philosophy"借用汉字"哲""学"翻译成"哲学"。在 19 世纪末，中国学者黄遵宪将这一名称介绍到中国来，得到公认，指称形而上学。

在《汉语大辞典》中智慧亦作"智惠"。《康熙字典》中《释名》：智，知也。无所不知也。《孟子》：是非之心，智之端也。《荀子·正名篇》：知而有所合谓之智。"智"本义为"知"，由矢口日三部分组成，矢是箭，口是嘴，日是太阳，"智"的表义为如箭一样迅速说出太阳。也就是人不仅知道太阳的事，而且能脱口而出，这难道不是宇宙观吗？"智"所呈现的是人知道宇宙的运行规律。而"惠"在《汉语大辞典》中本义是仁爱、宽厚，"慧"更能显示智慧的善的一面。《尚书·皋陶谟》："安民则惠，黎民怀之。"《蔡沈集传》："惠，仁之爱也。"综合"智"与"慧"，智慧不仅是知识能力强，而且还是有仁爱的善的品性智慧，表明人不仅知道宇宙的道理，而且对人能有仁爱之心。

根据威廉斯的考察，Philosophy 英文词保留了最早期、最普遍的意蕴。最接近的词源是拉丁文和希腊文 philosophia，意指爱智，它被视为对事物及其起因的研究与了解。但是在不同的时期，它具有其他附属的意涵，如后古典时期的一个普遍意涵——"实用智慧"。这个意蕴导致了 1679 年佩恩所做的一项区别："以她的 virtue（德性）及 philosophy（实用智慧）而著名，当 philosophy 不再被解释为虚假的辩论而是虔诚的生活。"在正式的用法中，philosophy 被区分为三个范畴：形而上学的、道德的、博物学的。最后一个范畴已经被归到科学领域中。当 philosophy 被视为人类的知识与推理时，与宗教意涵不同：在启蒙运动时期，很明显可以在莫尔所提到的怀疑论中看到区别：philosophy……高兴地自称为 Unbeliefe（无信仰，不信神）。在英文中两种当代的用法要注意：一种 philosophy 的意涵大部分专指逻辑以及有关知识的理论；一种是在经营管理与官僚政治的话语里可以指普遍的政策，或是一种企业或制度的内部程序，如超市的经营哲学，这可追溯到尤尔 1835 年的《制造业哲学》。❶

在西方哲学史上，据赫拉克利特的《论无生物》记载，最早使用这个

---

❶ ［英］雷蒙·威廉斯. 关键词——文化与社会的词汇［M］. 刘建基，译，北京：三联书店，2016：399－400.

词语的是古希腊哲学家毕达哥拉斯，他把自己称为爱智者，即寻求真理的自由人。何为智慧？苏格拉底说："正义和一切其他德行都是智慧。因为正义的事和一切道德的行为都是美而好的；凡认识这些事的人绝不会愿意选择别的事情；凡不认识这些事的人也绝不可能把他们付诸实践；即使他们试着去做，也是要失败的。因此，智慧的人总是做美而好的事情，愚昧的人则不可能做美而好的事情，即使他们试着去做，也是要失败的。既然正义的事和其他美而好的事都是道德的行为，很显然，正义的事和其他的一切道德的行为，就都是智慧。"● 苏格拉底所说的"智慧＝正义＋德行"，"正义与德行"之所以被称为智慧，是因为"美＋好"，所以，爱智慧的人＝热爱美和好的事情的人。就西方的智慧而言，更强调的是"德行"，即善与美的结合。

智慧的西方之意为德行即"美而好的"，而中国之意为宇宙之知与仁爱即"善与好"。由此可见，中西方的"智慧"都注重"善"即"慧"，这个是在以往"智慧"的涵义中被人所时常忽略的向度。集合中西方"智慧"，深知"爱智慧"的哲学即是对人生真善美的真谛的不懈追求。

二、哲学的本性与文化相通

在追求真善美方面，智慧与文化的含义基本对等，都是人在处理人与自然、人与人关系中对真善美的思考。但两者又有不同；第一，如果把"符号"的书籍所承载的知识作为文化的典型代表，即文化的核心层，那么文化就相当于"知"，哲学相当于"智"，"知"与"智"的差别可以看作文化与哲学的差别。《荀子·正名》所言"所以知之在人者谓之知。知有所合谓之智。""知"与"智"关键差别在于"合"，知道或掌握某一方面的东西称为知，而知道不同的知识并且能把不同的东西合而为一联系起来为"智"，智慧为"文化"之大、之深、之远，智慧是"文化的文化"，是对文化的综合和超越。

● ［古希腊］色诺芬：回忆苏格拉底［M］．吴永泉，译．北京：商务印书馆，2009：118．

但哲学不仅是"智慧",更重要的,哲学是"爱智慧"。爱是一种深沉的理性之爱。"爱智慧之爱不仅仅是某种愿望或兴趣,而是一种强烈的爱,由此等深挚之爱必然导致对智慧不懈的追求。"郭湛教授对这一问题有精辟的阐述:"智慧与爱智慧的重要区别在于,智慧是人的思维能力,而爱智慧以这种思维能力为对象,必然导向对思维的反思。单纯之思若不进而达到反思,是不可能成为哲学的。爱诚然是一种情感,但对于有思维能力的主体来说,爱之必思之,爱之深必思之深,从而形成对智慧深刻的反思,这就是哲学。"❶ 爱不仅是肯定,更是在批判中、在否定中的肯定。

哲学对于智慧之爱首先表现为问题。亚里士多德提出哲学的起源"好奇"说,即什么都问"为什么",这种不断反思与批判就是哲学的爱的本性的表现。这种爱不仅很广泛,并且非常执着。罗素曾说:"哲学,就我对这个词的理解来说,乃是某种介乎神学与科学之间的东西。它和神学一样,包含着人类对于那些迄今仍为确切的知识所不能肯定的事物的思考;但是它又像科学一样是诉之于人类的理性而不是诉之于权威的,不管是传统的权威还是启示的权威。一切确切的知识——我是这样主张的——都属于科学;一切涉及超乎确切知识之外的教条都属于神学。但是介乎神学与科学之间还有一片受到双方攻击的无人之域;这片无人之域就是哲学。"❷哲学对于广阔的无人之域的本质问题进行理性追问,而且追问的问题往往是无解,这是理性的执着;问题每一次被解答都是理性的进步。以问题形式呈现出来的、对事物"本质"的终结者的追求是哲学"爱"的深沉与执着的表现,并且这种问题是对以往问题或者答案的反思、继而批判。

哲学的"爱智慧"是对万事万物的本质追问。王阳明的"吾心即是宇宙""宇宙即是吾心"这句话常常被当作唯心主义的代表,其实如果从哲学的另一个角度来看,这句话揭示了哲学的本性。"吾心即是宇宙"可以这样理解:第一,我的心里、头脑中充满对宇宙的关切,这种关切本身就是一种超越——超越了自我、超越了琐碎的日常生活、超越了地球,心之所及能达

---

❶ 郭湛. 哲学的本性与前途 [J]. 社会科学战线, 1995:8 (54 – 56).

❷ [美] 罗素. 西方哲学史 [M]. 上卷. 何兆武等, 译. 北京:商务印书馆, 2007:11.

到外太空，这种心之辽阔、天之大即为吾心之大，即对宇宙之爱；第二，正因为我心至大关切宇宙，则"宇宙在我心中"。《孟子·告子上》："心之官则思，思则得之，不思则不得也。"宇宙在我心中不只是范围、广延性，而是"心"之宇宙，即用心来思考宇宙的道理；第三，吾心与宇宙的同一，即物我同一的境界，即思维与存在的统一，这个统一不只是认识的同一，还有情感的同一。从以上分析，王阳明的"吾心即是宇宙"即是哲学的"爱智慧"。中西方在哲学之范围、哲学问题、哲学本质上其实是殊途同归。

从哲学的"爱智慧"的本性分析，我们可以看到，智慧作为"文化的文化"与文化之间关系，而"爱智慧"之问中必然反思"文化的文化"，那么文化作为基质，也必然作为追问、反思和批判的对象。黑格尔说："哲学是密纳发的猫头鹰，只有在夜幕降临的时候才开始飞翔。"这里，"密纳发"是指古希腊罗马神话中的智慧女神雅典娜，而猫头鹰是在黑夜来临的时候依然能透过层层迷雾与黑暗看到事物，猫头鹰的能力相当于透过现象看到本质的能力，意味着哲学是智慧女神能直击事物本质。也就是哲学的问题不是表象，而是对事物本质的追问，是理性的追寻。

因此，哲学从本性上与文化必然相通，哲学是"文化的文化"，既可以从文化通往哲学之路，也可以从哲学角度明察文化之本。

哲学具有真理性。马克思早在1842年的《〈科隆时报〉第179号的社论》中写到："哲学是不是应该照'每个地方都有自己的风俗'这句俗话所说的那样，对每一个国家都采取特殊的原则呢？哲学是不是应该在一个国家里相信 $3 \times 1 = 1$，在第二个国家里相信女人没有灵魂，而在第三个国家里却又相信有人在天上喝啤酒呢？难道存在着植物和星辰的一般本性而不存在人的一般本性吗？"[1] "哲学是问：什么是真实的？而不是问：什么是有效的？它所关心的是一切人的真理，而不是个别人的真理；哲学的形而上学真理不知道政治地理的界限。"[2] 从中我们可以看到，哲学不是因为多而没有了真理性，哲学的真理性是建立在普遍性与一般性的人的本性之

---

❶ ［德］马克思、恩格斯. 马克思恩格斯全集［M］. 第1卷. 北京：人民出版社，2002：215.
❷ ［德］马克思、恩格斯. 马克思恩格斯全集［M］. 第1卷. 北京：人民出版社，2002：215.

上的，所以，哲学本身就具有真理性，因此，哲学能超越文化特殊性探察文化的普遍性及文化之本。

哲学具有现实性。马克思指出："任何真正的哲学都是自己时代的精神上的精华，因此，必然会出现这样的时代：那时哲学不仅在内部通过自己的内容，而且在外部通过自己的表现，同自己时代的现实世界接触并相互作用。那时，哲学不再是同其他特定体系相对的特定体系，而变成面对世界的一般哲学，变成当代世界的哲学。各种外部表现证明，哲学正获得这样的意义，哲学正变成文化的活的灵魂，哲学正在世界化，而世界也正在哲学化。"❶ 接着马克思又说："这些外部形式很清楚地说明，哲学已进入沙龙、教士的书房、报纸的编辑室和朝廷的候见厅，进入同时代人的爱与憎。"❷ 在这里，马克思已经鲜明地提出了哲学与文化的关系，即哲学正变成文化的活的灵魂，哲学正转向人的现实的文化世界，哲学的现实化与现实的哲学化的双向转变过程。也就是只有在哲学与文化相通，并且能把握、引领文化的灵魂时，哲学才能世界化。这是哲学世界化的途径。

这时进而哲学所面对的人不应是少数人，而是大多数人，只有这样哲学才能世界化。因为世界是由每个人所构成的，只有每个人都需要哲学，哲学嵌入每个人的生活中，而不是仅有少数精英才需要哲学的装点，哲学才能实现世界化。

第二节　哲学的视域与文化

一、哲学的视域

任何学说都会有路径依赖，因此探寻哲学的起源的路径对研究整个哲

---

❶ ［德］马克思、恩格斯. 马克思恩格斯全集［M］. 第 1 卷，北京：人民出版社，2002：220.
❷ ［德］马克思、恩格斯. 马克思恩格斯全集［M］. 第 1 卷，北京：人民出版社，2002：220.

学视域都有帮助。

西方哲学史上，就目前有文字记载的历史来说，哲学起源于公元前 6 世纪的古希腊，那里最早出现了原创的哲学家。他们关注的问题是世界是什么，世界是怎么样的。从哲学的诞生可以看出，哲学绝不贫困。泰勒斯说：世界的本源是水，这是经验观察与体验的结果。哲学诞生于爱琴海的港口城市米利都，它因是天然港口成为早期海洋贸易的诞生地。贸易带来的财富给人们创造了相对的闲暇，贸易也带来了不同人们的各种思考。所以，经济的成就促成了思想的迸发。在那里诞生的不仅有哲学，也有著名的荷马史诗。荷马史诗和与其有争论的赫西俄德的诗歌都在表彰着神意，只不过荷马史诗中的神是反复无常的，而赫西俄德的神则是有道德律法的。这代表着在人们最初的思想里，人们思考的是那个自己无法主宰的力量：命运，因为自己的意志无法主宰，所以人们把它幻化为人之上的神灵。哲学一诞生，就代表着与以往文化不同的气势，即哲学从诞生起就是无神论者。泰勒斯的水之源开启了西方世界的另外一种世界观。

西方第一哲学家泰勒斯的智慧不仅仅体现于对宇宙的本体的思考，而且还在生活中得到了印证。哲学的思考可以化为技术来解决军事和人类的难题。在军事上，在希腊对波斯的战争中，他设计挖一条人工渠分流河水以便架桥，使望河兴叹的吕底安国王的军队顺利地渡过了哈里斯河。在埃及旅行时，他被埃及金字塔所吸引，对其高度产生兴趣，于是，想出了一个类比或者对应的方法测量金字塔高度：在一天中当他的身高和影长相等时，他只要测量金字塔影子的长度就可知高度。

哲学以智慧真切地运用在现实生活中的典型案例就是泰勒斯的"天空"与"榨油机"的两不误，这说明哲学如果愿意把智慧在经济上用一用，也能给人带来丰厚的回报。在有关泰勒斯抬头望天空的传说中，色雷斯女仆对泰勒斯的嘲笑到现在依然还是对哲学的嘲讽，但是泰勒斯用对生活的实践证明了其哲学的用处，即通过窥探橄榄丰收的季节预先囤积了榨油机，获得了丰厚的收益，这也成为哲学的骄傲。

泰勒斯以解决问题的方式提出了哲学的本体论问题。泰勒斯认为世界的基质是水，水的各种变化对应着世间万物。泰勒斯的贡献不在于解决了世界的本质是什么的问题，而在于提出世界的本质是什么的问题，这是哲学的第一个问题，即本体论问题。从泰勒斯身上我们可以看到，哲学从一起步，就呈现了本体论问题与人的现实智慧的相通性。

这一点在泰勒斯的学生那里体现得更为明显。阿那克西曼德继续在哲学本体论问题上前进，他提出了"不确定的无限制者"及其运动的理论。他认为有比水更原初的基质存在，他称为"不确定的无限制者"，而水只是不确定的无限制者的一种形态。这个基质之所以能形成各种东西，是因为运动的结果。最基本的运动结果是各种特殊元素从基质中分离出来了。

阿那克西曼德把本体论问题与人的问题一起提了出来。在人的起源问题上，他坚持海洋说，并且认为人是由其他不同的生物进化而来，其根据是人需要长期的被喂养时间，而这必然不是原初形态，否则，人在自然界中无法生存。这应该是人类最早的生物进化理论了。

阿那克西曼德还是最早有平行宇宙观念的人。他认为同时并存许多世界和宇宙，他们在冲突中相互毁灭，而终点是自我的毁灭："万物由之所生的东西，万物毁灭后由于必然性复归于它；因为万物按照时间的秩序，为它们彼此间的不正义而受到惩罚并相互补偿。"❶平行宇宙能有效地说明哲学展开了它的想象与理性的翅膀一直飞翔到现在。

从爱琴海的哲学起源来说，泰勒斯是起始点式人物，阿那克西曼德是泰勒斯的学生。哲学是至简之学，它希求的是以不变应万变，它建立在经验事实的基础上寻求世界的本源，以把握这个变化的世界。并且，从古代哲学的诞生可以看出，哲学是最开始就带有非凡想象力的一门学科，平行宇宙和人来自海洋的生物进化论，都是在其经验观察中大胆的假设。关于人的学说与关于宇宙的学说在哲学中是交相辉映。但古代哲学中的关于人和宇宙学说还带有直观的性质，其寻求的本源还是在经验上、感官上可以感觉到的东西。

---

❶ ［美］撒穆尔·伊诺克·斯通普夫. 西方哲学史［M］. 丁三东等，译，北京：中华书局，2005：10.

　　毕达哥拉斯喜欢相对民主的氛围，不满于在富裕的波吕克拉底的残暴统治下的萨摩斯以及整个伊奥尼亚地区的环境，他迁移到意大利一个繁荣的希腊城邦克罗顿定居。毕达哥拉斯认为万物都是由数构成的。

　　毕达哥拉斯不仅关注宇宙的数的基础，同时也对人的生活模式进行思考。他认为来奥林匹克的人其实过着三种不同的生活：最低级的是那些做买卖的人，是为了获利，其次是来参加比赛的，是为了赢得荣誉，而最好的是作为观众的人，是为了思考。在对生活的思考中，他们看到了一种超越日常生活、超越人的欲望的生活即理论生活，因为在希腊语中"观看"与"理论"是同一含义。他提倡最好的生活方式是一种思考的生活，这种生活本身就是爱智者的生活。一定程度上，这也许是罗素的"未经反思过的生活是不值得过的"最初的理论来源。

　　毕达哥拉斯学派通过数认识了世界，还用数解析了音乐，这也许是最早的解析学。他们寻求到音乐是数学的和谐，音调之间的音程可以通过数字表示，乐器的琴弦长度与音程之间存在比例关系。他们用数来认识对立统一的运动律。在数的基础上，他们还建构了集合的点线面体，这都是来自生活，以鹅卵石的数量做不同的造型。通过数的奇偶分析，他们有了对"对立"的新认识。既然万物皆有数，奇偶之间的对立和谐就是直与弯、运动与静止之间的关系。由此，他们认识了和谐统一的原理。健康和音乐都是对立面的和谐或者平衡。

　　赫拉克利特在米利都学派和毕达哥拉斯学派的本源的基础上，前进了一步。他主要研究运动的问题，"人不能两次踏入同一条河流"，但不是"人连一次也不能踏入同一条河流"，因为他认为在流变的过程中它们始终具有相同的东西。他把火理解为世界的基本元素。但是，这个流变是守恒的，"一切转化为火，火又转化为一切，就像黄金转化为货物，货物转化为黄金"，这也是关于能量守恒定律的最初探索。火的运动有两种路径：上升和下降，火下降中成湿气，压力增大，湿气变为水，水变为土。火上升中土变水。赫拉克利特说了非常类似于中国五行说的话，"火生于土之死，气生于火之死，水生于气之死，土生于水之死"❶。但在变化中有神的理性使其具有规律性。

在"火"的宇宙本体理论的探讨中，赫拉克利特还对人的理性进行研究。虽然他还从人格化的神寻找人的统一性与普遍性，但是他说："人们在清醒时共同拥有一个有序的宇宙，但是在睡梦中，他们就返回到自己的世界中。"❷ 我们可以用现代"分形"理论来概括赫拉克利特的人有神的普遍理性观点，这潜藏着人人平等的思想。"在以后的世纪中，这个观念为斯多葛学派世界主义的思想——所有人都是平等的世界公民，因为他们都分有了一，分有了神的理性——提供了基础。在斯多葛学派看来，我们所有人在自身中都含有火的一部分，这火是神的火。这个概念为自然法的经典理论的形成提供了基础。自然法从赫拉克利特传到斯多葛学派，再传到中世纪的神学家们那里，最终推动了美国革命，期间经历了一系列的修改。甚至在今天自然法也是法学理论的一个重要组成部分。"❸

从以上古代西方哲学的典型来看，哲学时刻都与生活相连，哲学在思考宇宙的同时也在思考着人本身。两者密不可分，没有哪一位哲学家仅仅思考宇宙本体问题。所有有宇宙本体论的哲学家都有关于人、人的生活的哲学思考。

再把视角拉近，切换到近代。以莱布尼兹为例来看宇宙哲学与人生哲学的共通。莱布尼兹先是在莱比锡学习哲学，后来在马克思获得博士学位的耶拿大学学习数学，之后又在阿尔道夫学习法律。他认识到在经验的生活中物体和事物可以分为更小的部分，他认为世界的本原就是单子，单子是事物的基本元素。单子是力或能的存在，也就是单子是世界的能量单位而不是世界的组成部分，他赋予事物以能动性。莱布尼兹说："单子是一

---

❶ ［美］撒穆尔·伊诺克·斯通普夫，詹姆斯·菲泽. 西方哲学史［M］. 丁三东等，译. 北京：中华书局，2005：19.

❷ ［美］撒穆尔·伊诺克·斯通普夫，詹姆斯·菲泽. 西方哲学史［M］. 丁三东等，译. 北京：中华书局，2005：20－21.

❸ ［美］撒穆尔·伊诺克·斯通普夫，詹姆斯·菲泽. 西方哲学史［M］. 丁三东等，译. 北京：中华书局. 2005：21.

个希腊词，它代表单一体，或者那种作为一的东西……单纯实体、生命、灵魂、精神都是单一体。所以一切自然都是充满生命的。"❶ 单子是真正的实体并且具有活动能力，赋予能动性的单子都按照自己的义务形成了巨大的和谐。这类似于恩格斯所说的"合力"。莱布尼兹通过单子赋予了生命自由："一个单纯实体的每个当前状态自然都是它的在先状态的结果，这种方式使得它的当前也孕育着将来。"❷ 斯通普夫解读为"自由并不意味着意志力——选择的权利——而毋宁说意味着自我发展。……自由不是意味着选择的权利，而是发展。自由在本义上是无阻碍地成为我被注定要成为的东西的能力，所以它意味着我的知识借以从混乱而达到清晰的那种存在的性质。我在这种程度上是自由的，即我知道为什么我做我所做的事。沿着这条思路，莱布尼兹认为他成功地使它的自然决定论观点和自由相调和了。"❸ 莱布尼兹在上帝的庇护下赋予了人能动性，继而让人拥有了自由选择。他的本体论哲学与人生哲学完美融合。

以上从古代到近代哲学的典型事例都证明：哲学在探索宇宙奥秘的同时，也从宇宙观走向人和人的生活。以专门解决人的问题著称的伊壁鸠鲁同样持有著名的"原子"宇宙观。他的人生哲学也来源于对宇宙"原子偏斜"的认识。对德谟克利特来说，原子只有直线性下落和原子的相互排斥两种运动，而对伊壁鸠鲁来说，原子有三种运动：脱离直线而偏斜（原子的形式规定）、直线性下落（原子的物质性）和原子的排斥。马克思在博士论文中专门研究了德谟克利特与伊壁鸠鲁原子的差别，他指出："原子偏离直线并不是特殊的、偶然出现在伊壁鸠鲁物理学中的规定。相反，偏斜所表现的规律贯穿于整个伊壁鸠鲁哲学。"❹ 正是这个小小的偏斜改变了

❶ ［美］撒穆尔·伊诺克·斯通普夫，詹姆斯·菲泽. 西方哲学史 ［M］. 丁三东等，译. 北京：中华书局. 2005：364.

❷ ［美］撒穆尔·伊诺克·斯通普夫，詹姆斯·菲泽. 西方哲学史 ［M］. 丁三东等，译. 北京：中华书局，2005：368.

❸ ［美］撒穆尔·伊诺克·斯通普夫，詹姆斯·菲泽. 西方哲学史 ［M］. 丁三东等，译. 北京：中华书局，2005：368 - 369.

❹ ［德］马克思、恩格斯. 马克思恩格斯全集 ［M］. 第40卷. 北京：人民出版社，1982：214.

世界，马克思引用了能正确理解伊壁鸠鲁的卢克莱修的断言："偏斜打破了'命运'的束缚，并且正如他立即把这个思想运用于意识那样，关于原子也可以这样说，偏斜正是它胸中能进行斗争和对抗的某种东西。"❶ 这个案例说明，没有哪一位哲学家仅仅只是关注生活与人，而没有内在的宇宙观。

所以，在哲学中宇宙学与人生哲学就像人的 DNA 双螺旋一样，相互对应、相互环绕，不可分离。正如卡西尔所言："在对宇宙的最早的神话学解释中，我们总是可以发现一个原始的人类学与一个原始的宇宙学比肩而立：世界的起源问题与人的起源问题难分难解地交织在一起。"❷ 正因为哲学所具有的这个性质，哲学在历史上才获得了崇高的地位。哲学自古就有两条路径。一条是动脉路径：对形而上的宇宙终极真理的追寻；一条是静脉路径：对生活世界和人本身自由的追寻。动脉是指从心脏发出不断分枝成小动脉，而最后止于组织内的血管，它将血液由心脏运送至身体各处。静脉是指起自毛细血管，从全身各器官组织运送血液返回心脏的血管体。与此相应，哲学的动脉是哲学的形而上路径，指哲学从人出发，从各个方面关心客观世界；哲学的静脉路径是哲学的形而下路径，是从哲学出发的各个事物复归到人的路径。由此哲学形成两条路：一条是宇宙自然之路，是对宇宙的本质即自然的反思，这孕育了自然科学；另一条是人之路，是对人的本质和活动方式的追问与反思，这孕育和孵化了人文社会科学。因此，哲学之视域与文化之视域其实是同一视域。

二、哲学的视域与文化之共享

从哲学的发展史来看，其实就是两种路径并行的。正如罗素所言："哲学在全部历史中由两部分构成，一方面是关于世界本性的理论，另一

---

❶ [德] 马克思、恩格斯. 马克思恩格斯全集 [M]. 第 1 卷. 北京：人民出版社，1995：33 - 34.

❷ [美] 卡西尔. 人论 [M]. 甘阳，译. 上海：上海译文出版社，1985：7.

方面是关于最佳生活方式的伦理学说或政治学说。"❶ 一种被称为思辨的哲学，一种是生活的哲学。思辨的哲学从亚里士多德为典型代表到黑格尔为集大成者。而以苏格拉底为代表的生活哲学却日渐衰弱。卡西尔指出："在苏格拉底那里，不再有一个独立的自然理论或一个独立的逻辑理论，……唯一的问题只是：人是什么？……他所知道以及他的全部探索所指向的唯一世界，就是人的世界。他的哲学……是严格的人类学哲学。"❷

其实人的哲学与宇宙的哲学如同人与自然关系一样密不可分。首先，自然是人的一切活动的基础。正如老子所言：道法自然。自然是人的母体和人活动的对象，人在与物体交集中必然要遵从自然规律，而人与人的交集方式是在人与物的交集中产生的，因此自然哲学可以说是人生哲学的基础；其次，人本身就是自然的产物，人论其本源是从动物界中逐步分化和提升出来的，人论其基质还是一种动物。所以，研究自然与研究人在人本身这一点上是共同的基点；再次，人的世界的完善性密切关系到自然，只有人成为人自身，人才能真正地对待自然以人的方式，即化人的方式。正如卡西尔所言："认识自我是哲学探究的最高目标——这看来是众所公认的。在各种不同哲学流派之间的一切争论中，这个目标始终未被改变和动摇过：这已被证明是阿基米德点，是一切思潮的牢固而不可动摇的中心。"❸

哲学的两条路径就是文化的路径。第一，哲学人之路就是研究人的本质，而文化是人的本质活动方式，所以，人的哲学天然内含了文化的本质形式；第二，文化的核心形式是科学。哲学孕育了科学思想，科学从哲学的母体里逐步诞生了：自然科学与人文社会科学。随着两者的逐步强大，它们都从哲学中分离出来，就仿佛孩子长大了要另立门户，形成了类似细胞分离式的繁殖。

---

❶ ［美］罗素. 西方哲学史（下）［M］. 何兆武等，译. 北京：商务印书馆，1996：365.
❷ ［美］卡西尔. 人论［M］. 甘阳，译. 上海：上海译文出版社，1985：7.
❸ ［美］卡西尔. 人论［M］. 甘阳，译. 上海：上海译文出版社，1985：3.

近代科学诞生后，哲学对于宇宙产生了疏离问题。这很大程度上是客观形式压迫下的选择。哲学的动脉路径基本上已经被自然科学和社会科学所截流，这时再要求哲学家依旧以形而上对宇宙本质的追寻为主，那么，就如同恩格斯所说："无非就是要求一个哲学家完成只有全人类在其前进的发展中才能完成的事情，那么全部所理解的哲学也就终结了。"❶ 于是，渐有哲学"拒斥形而上学"之风。其实形而上与形而下是相互依存、相互补充、相互渗透、相互转化的。相互依存，是指人对形而下世界的追寻离不开对形而上世界的追寻，就像现代生活中离不开科学技术一样；相互补充，是指人的文化世界是完整的，不能只具有人文知识，而对科学知识一窍不通，这样还是片面发展的人，不是全面的人，人的大脑在进化中所具有的自然能力就有把事物综合的能力，大脑需要综合的材料；相互渗透，是指自然科学中不能没有善，人文社会科学中不能没有真，自然科学中的真与社会科学的善是相互渗透的；相互转化，是指自然科学与社会科学也是相互转化。自然科学更多关注了主体性的存在，如量子物理学，有一个重要的概念不确定性，也就是在人没有观测的情况下，粒子的状态是不确定的，而在人观测的一瞬间，粒子的状态才确定下来。而人文社会科学也更多地向自然科学转化，如人文社会科学中的经济学把自然科学中数学的方法引入到了本学科中，成为基础的工具。

因此，现代哲学与后现代哲学都不能顾此失彼，哲学不能失去对宇宙本体的关注，也不能忘却了对人类世界的关怀。这才是对哲学本身的反思。现代文化哲学拒斥形而上学之风甚盛，片面地强调了形而下，而忘记了哲学的形而上。哲学仿佛变成了泰勒斯的女仆，明智地从不会掉进脚下的深坑。但是哲学再也不是泰勒斯，因为它已经不再抬头看星空。所以文化哲学提出日久，但久不兴盛的原因主要是其忘记了哲学的传统，忘记了哲学来时的路，忘记了哲学是两条腿走路的智慧，只有重新回到文化家园，才是哲学复兴之路。

---

❶ ［德］马克思、恩格斯. 马克思恩格斯选集［M］. 第 4 卷. 北京：人民出版社，1972：215.

第三节　哲学是文化的进化必经程序

文化作为主体所具有的一种能力是在实践中不断生成与提高。实践是人的存在方式，它是主体客体化和客体主体化的双向运动。主体客体化运动是主体按照"为我"的方式去建立主客体关系，进而创造了人的生活世界。人在改造客观世界的过程中，通过对客体的改造和创造新的客体的过程，客体的效用结构不断被发掘出来，使它内化于主体需求的结构；具有某种使用价值成为维持主体生命存在和发展所必需的生活资料和生产资料，并作为属人的无机身体融合进入主体的结构之中，转化为一种主体性的存在；客体的功能力量被主体所认识、利用、掌握的过程，就是转化为主体能力、技巧和方法的过程；主体改造客体的过程所掌握的科学技术，就是客体功能力量转化为主体的智能形态，主体所运用的技术、技巧、技能、经验等就是客体功能力量转化为主体的体能形态。这又是客体主体化过程，即把客体的属性、结构、功能和规律，通过千百万次的重复，不断内化为人的活动规律，内化为人的本质规定的运动过程。

只要这个实践不是人类史前史的实践，那么在人本身已经包含了文化的因素，在人的实践过程中，人的实践目的、手段、方式与方法中已经包含了文化的要素，就像人吃饭要借用工具，如中国是用"筷子"吃饭的饮食文化，而西方是用"刀叉"吃饭的饮食文化一样。人不再是"自然人"，而是通过实践活动不断丰富和发展的、文化浓度不断提高的"文化人"。

在实践活动中，人以什么方法能不断提高人的文化溶质的质和量呢？是理性批判与实践批判。而哲学的本性就是批判的。哲学以理性著称，因此理性批判是哲学应有之意，正如康德所说，如果哲学拒绝理性的批判，哲学就变为了独断论，那样"其用意无非是完全摆脱科学羁绊，把工作变成儿戏，把确定性变成意见，把哲学变成偏见"❶。这种理性批判不仅仅是对理论的批判，更重要的是对实践的批判。

文化与实践是内在统一的，从追根溯源来讲，能提高人的文化浓度的只有人类实践，因此提高文化溶质的质与量要靠实践批判。郭湛教授提出："与理性批判相统一的实践批判，是我们前进的内在推动力量。""哲学意义上的'批判'是一种辩证法的态度，是自觉的、理性的、辩证的分析、取舍乃至重构。辩证的批判不是简单的否定，而是对认识和实践的偏差的揭示和校正，是人和社会发展、进步的阶梯。"❷ 他认为实践批判包含以下几重涵义：第一，以实践为手段的批判；第二，以实践为对象的批判。这是对实践的批判。实践批判是肯定和否定的对立统一，……在对实践的批判中，同时包含了对实践的历史合理性的肯定和否定；第三，实践的自我批判。对于主体来说，这是最重要的，也是最易于被人忽视和最难做到的。能够进行实践的自我批判，需要高度清醒的自我意识和实践智慧。实践的自我批判和据此进行的实践调整，是实现合理的实践目的的内在保证。❸

在批判中，无论是理性批判还是实践批判，人在坚实的现实面前即肯定了自身的文化能力，同时也否定了实践中不能尽善尽美的方面，通过否定实践来部分否定自身的"非文化"，并且通过链条中的下一次实践否定上次实践中不尽善尽美的方面，走向愈加真善美的过程与结果，这就是文化质的提升过程，文化浓度逐步提高过程。因此，人通过客体主体化过程，在实践活动中克服了自身的非真非善非美，并在更高基础上使对象实现真善美，从而在对象的真善美中人看到了自身"文化"的映射，人逐步成为人本身。

人的内在文化与外在文化世界相映射、相结合，人才真正成为"文化"人。这样，文化就表现为双重的特征，一方面，文化是与主体活动相

---

❶ ［德］康德. 纯粹理性批判［M］. 李秋零，译. 北京：中国人民大学出版社，2004：27.

❷ 郭湛. 马克思主义哲学的实践批判理论［J］. 哲学研究，2006（7）：7.

❸ 郭湛. 马克思主义哲学的实践批判理论［J］. 哲学研究，2006（7）：6.

联的人的文化性，体现其主体的本质性质，它通过思想、观念、思维方法渗透于主体，成为主体的一种思想力、行动力，并强化人的主体性；另一方面，它又不是纯粹的客体，而是主体客体化的典型。维坦依在《文化学与价值学导论》一书中指出客体化的双重含义：其一，客体化同时指向过去和未来。客体化是人客体活动作用于对象的产物。它之所以指向过去，是因为它需要创造；它之所以指向未来，是因为它一旦形成和使人的活动物化，那么它以后的作用就已经包含在人的活动形式的刺激和规定中；其二，客体化体现出符号的性质和功能，人的客体化的本质若没有渗透到每一个客体化中的符号标志是不可能的。❶ 所以，谈到人的文化，不仅是人本身，还要体现在人"诗意的栖居"的文化世界。文化是人的文化性与客观的文化世界的统一。而人的文化进化过程就是通过主体对客体的实践、实践批判、实践重建、实践、实践批判、实践重建……循环往复、不断进化的历程。此文化过程不断持续循环往复往前发展，推动了人类历史的进步。因此，实践批判是文化的进化中必经的阶段，而能从总体上担任实践批判角色的只有哲学，哲学是文化进化必经的程序。

---

❶ ［匈］维坦依. 文化学与价值学导论［M］. 北京：中国人民大学出版社，1998：58－60.

第三章　哲学对人的活动方式的反思

哲学自始以来就存有两种路径，生活之路与宇宙自然之路。人的生活世界始终在哲学的视野内，哲学对于人的热爱就是对人活动的反思、批判与重建。

第一节　哲学始终在人间

哲学往往被批判为"远离世俗"玄思遐想，后现代斥责哲学离开了人间，于是"哲学"开始革自己的命，以哲学贫困为由悲壮地宣称自身的"终结"、"治疗"和"消解"，给出的药方是"拒斥形而上学"、回归生活世界。那个罗素宣称的在"神学与科学"之间的哲学，视野变得狭隘起来，变成了只是在生活自身转圈子，哲学抛弃了自然哲学所凝视的宇宙，这种文化根基的缺失使哲学成为有固定疆域的学科，而不能真正成为立于"文化"之上的"文化"。

一、哲学人间路的历程

其实，哲学的人间之路从未间断，哲学始终在人间。马克思称："人世的智慧即哲学""来世的智慧即宗教。"❶ 哲学离生活之远不是因为不关

---

❶　［德］马克思、恩格斯. 马克思恩格斯全集［M］. 第 1 卷. 北京：人民出版社，1995：223.

注生活，而恰恰是因为要把人和生活看得更清楚，所以采取的是远观模式，正所谓：不识庐山真面目，只缘身在此山中。再者，也因为哲学表达它对人间的爱过于抽象和隐晦含蓄，所以，人们不容易感到哲学之爱。总之，传统哲学虽是以宇宙本体论为动脉，但在哲学的历史中，哲学静脉路径即对人的关注虽是涓涓细流，却从未停息过。

在古代哲学期，古希腊文明的出发点和对象是人，它从人的需要出发，提出了人的问题，注意了哲学人的方向。普罗泰戈拉说："人是万物的尺度，"苏格拉底有了一条万世不渝、激励着一代又一代哲人不断探索的箴言："认识你自己，"让人们思考生活的本质与过程，从而激发人们对生活的思考。

在中世纪哲学期，哲学成了"神学的侍女"，宗教变得更关心人的世俗生活，这时哲学的注意力更倾向于理性思维中的逻辑与词义。但是哲学也未曾离开个人的生活。据斯通普夫的《西方哲学史》记载，著名的哲学家波埃修在狱中写了著名的《哲学的慰藉》，他用一位高贵的女人来象征哲学，用希腊字母象征着实践哲学和理论哲学，在此中间有一个梯子表示向智慧攀登的阶梯。他发现世俗的好处和快乐不能给他真正的幸福，一个人必须转向最高的善，而哲学是引向这种善的学问，他从哲学那里得到了慰藉。他还给哲学下了一个专门的定义，称哲学为"对智慧的爱"，智慧意味着一种实在、自身存在的东西，智慧是产生万事万物的有生命的思想。在有生命的智慧中，我们热爱思想并且造成万物。最终，对智慧之爱也是对上帝之爱。❶ 他为哲学是"爱智慧"称呼的始创者。

近代哲学期分为近代早期、中期与晚期。资本主义的萌芽在 14～15 世纪的地中海沿岸，但是资本主义在 16 世纪才成为主要的潮流，以尼德兰革命为标志成为近代史的起点，它开启了资本主义的历史。

近代早期哲学是文艺复兴潮流下的人文哲学阶段。文艺复兴时期，哲学终于摆脱了宗教的束缚，开始收复失地，从宗教手中夺回了人的世俗生活的领导权，哲学完成了从中世纪的超人文到人文的转变。保罗·奥斯

---

❶ ［美］撒穆尔·伊诺克·斯通普夫等. 西方哲学史［M］. 丁三东等，译. 北京：中华书局，2005：211-212.

卡·克利斯特勒于 1964 年出版的《意大利文艺复兴时期八个哲家》中把哲学家分为了四类，这八位哲学家可归为四个流派：（1）人文主义：彼得拉克和瓦拉；（2）柏拉图主义：菲奇诺和皮科；（3）亚里士多德主义：彭波那齐；（4）自然哲学：特勒肖、帕特里齐和布鲁诺。可以看到，人文主义的哲学即对人的关注依然在继续。其中，培根关心人的生活、霍布斯在《利维坦》对人本性的探究等，这时，对人的研究风起云涌。

近代中期哲学是经验论与唯理论交汇的哲学阶段。经验论与唯理论各执一端，但是由于人的思维的综合性，经验论与唯理论者都不能完全否定对方所含有的经验或唯理的成分。唯理论的开创者和主要代表勒内·笛卡尔主张天赋观念论，但他也强调经验的作用：观念（感觉）来源于外物的刺激，"我思，故我在"对"思"的解读中也包含想象，而想象中感觉的作用非常重要。经验论与唯理论的交锋说明哲学进入了人的解析或分解部分，人被分解为大脑和身体、经验与理论来进行局部解剖，进而通过对人的局部功能的认识来认识人的整体：人本身。

近代晚期哲学是 18～19 世纪的哲学，费尔巴哈把自己的哲学定名为"人本学"，黑格尔完成了主体性哲学形态。叔本华之《人生的智慧》、克尔恺郭尔《生命的阶段》、尼采《查拉图斯特拉如是说》、马克思学说等，都表明越来越多的哲学家开始转入对人的专门研究。

这时期的代表人物之一康德本身不仅是自然科学的星云假说的提出者，而且以严谨的态度开始考察人的主体性。康德的三大批判中，《纯粹理性批判》是研究"我能知道什么的"，《判断力批判》是研究"我可以希望什么"，《实践理性批判》是研究"我应该做什么"。这三大批判其实是提出了人的知情意何以可能的问题。对于"我能知道什么"不仅关乎客体，而且是指向主体，主体的认识能力、认识方式、认识范围等都制约了"我能知道什么"。"我希望什么""我应该做什么"，其中对人主体性的理想等无一不做了进一步考察。

这时期诠释学的兴起也是对主体认识的进一步深化。德国哲学家施莱尔马赫是诠释学的创造人，他从宗教的角度在康德三大批判的基础上，强调主体所涉及的要素不仅是认识能力、认识方式、认识范围的"纯粹理性"自身问题，而且还包含了判断力批判和实践理性批判，而在判断力批判和实践理性批判中包含了"我希望什么"的情感和欲望，包含了主体的我应该做什么的目的。由此，三大批判不是独立的、孤立的、而是内在相互包含的。他尤其强调：离开了情与意，人们不能够真正深入地认识事物。因此，对文本的心理解释比语法解释更重要，应以模仿作者的体验和再造作者的体验深入到作者的心境中去，从而产生共鸣，是理解文本的重要方法。

在近现代哲学交汇的时代，实证科学以实力派形式矗立在 20 世纪。实证科学主张科学的标准是以经验事实为依据、以实验证实为准绳。而狄尔泰提出自然科学与社会科学的分野，自然科学关注的是自然现象间的规律，而人文社会科学则主要关注人的生活意义和价值问题。狄尔泰提出了"意识事实"这个概念，自然科学的事实是客观事物的事实，还有一个内在的事实：人喜怒哀乐的"意识事实"，这也是确切的、人可以直接体验到的事实。意识事实是在相对稳定的人类心理结构和生活结构中的事实，这个事实因为有人类心理结果和生活结构的继承性所以具有连贯性，纵使时隔千年，我们依然可以依靠自己的生命体验来理解他人的生命体验。"所以，体验、表达和理解之间的关系，反映着一种特殊的程序；只是由于它的存在，人类才作为精神科学的对象展现在我们面前。精神科学植根于生活、表达和理解的关系之中。"❶ 也就是精神科学之根在于意识事实。精神科学的确立是哲学迈向人的研究的巨大进步。

现代哲学更加关注人的生活世界。实用主义哲学的兴起与繁盛代表着哲学与人的生活更加紧密结合的倾向。分析哲学的代表罗素更是关心人的生活，并卓有文采的表达生活，他写了《自由之路》《教育与善的生活》《赢得快乐》《性格的教育》等等。艰涩的存在主义与现象学同样以抽象的形式关注人的本土化生存。海德格尔在《存在与时间》中提出"此在"，即人的本真存在。认为"意识事实"和"纯粹现象"都是受到人的存在制

❶ 张庆熊. 诠释学与现象学的汇通之路：从"'意识事实'到'此在的实际性'"［J］. 复旦学报，2017（1）：31.

约的，只有人以"此在"存在，才有"意识事实""纯粹现象"。海德格尔用"抛入"来表达人来到世上的状态，而人在世的状态为"烦"，即麻烦和烦人，人陷入与事物打交道的麻烦之中和与人打交道的烦人之中，人以此状态存在即成为常人，而海德格尔认为人要超越这种状态，即出淤泥而不染，绽放出自己璀璨的花朵。这种哲学类似"荷花哲学"。海德格尔选用拉丁词源的"生存"（Existenz）其解释为："Ex"加"istenz"意味"站出来"，即"从中绽放出来而实现自己"，这才是人的"此在"，即本身状态，从现实向可能性生发的过程。

从以上哲学的历史脉络我们可以看出，哲学从未离开过人与生活，并且哲学越来越关心人的存在方式，把人本身和人的存在方式越来越置于焦点之中。但另一方面，哲学仿佛斩断了与科学的联系，这呈现了哲学的另一条路径的萎缩：即作为"文化的文化"的衰落。

二、重提哲学人间路的缘由

既然哲学始终在人间，为什么还要重提回归人的生活世界？

传统哲学中研究人的不足之处是把人看作一种抽象的存在。传统哲学或是抽象地设定了人，即片面看到了人的"思辨"理性；或是看到了人的生命存在，只是在一般生物学的意义上理解人。也就是或只看到人的脑，或只看到人的胃。正如海德格尔所批判的那样："形而上学想人是从生物性方面想过来而不是想到人的人性或人道方面去。"❶

哲学要把人从抽象理性或生物学中解放出来，必须从现实的人出发。而从现实的人出发必须具有一个前提，即必须从人的实际生活去看待人。因为实际的人只有在人的实际生活中才能看到，即只有在生活世界中，人才是现实的而不是抽象的。这个生活世界其实是"充满文化的世界"，这个生活世界中展现了人超越于动物的活动方式和活动的产品，人与人关系

---

❶　熊伟. 存在主义哲学资料选辑［M］. 上卷. 北京：商务印书馆，1997：366.

的文化活动方式和产品、人与自然关系的文化活动方式和产品。

哲学不仅要从现实的人出发，还要回到现实的大众人中去。现实的人首先都是具体的人，而不是抽象的人。虽然以往哲学从来不是生活世界之外，但是哲学表达的东西过于抽象与隐晦，使哲学仅仅成为少数精英能够消化的精神食粮。虽然抽象是从具体中提炼来的，哲学以抽象和思辨为特点没有错，但是却缺乏把抽象的东西具体化的过程，由此造成的结果是大众对哲学的"高""冷"的远离。也就是，哲学要改变的是在瞩目生活世界的时候，需要把哲学从上帝的宏观视角落实到大众的微观视角，把哲学关于生活的智慧具体化，哲学才能真正成为搏动在人胸腔里的心脏。

哲学重新回到人的问题上，这次王者归来所要实现的是面对人的生活世界的具体化到抽象化的提炼、抽象化到具体化的落地这一完整的闭环，成为普通人生活的灵魂。生活世界中充满了文化，但是两者不能完全等同，因为生活世界中还有非文化的成分、因素。哲学瞩目于"生活世界"不仅要肯定人的文化性、提升人们文化性，而且还要批判生活世界的"非文化"的部分、成分、因子，使其生活世界真正变为文化世界。哲学在人的世界中发现和进一步提升人的"文化性"，从而把人不断从动物界提升出来，不断创造人之为人的本质和特性。只有哲学与人的现实问题相联，深入到人的存在机制，在现实生活中哲学与文化缕缕相连，哲学才能获得持久的生命力，哲学也成为了真正的文化。

第二节　哲学面对人间路的方式

一、哲学面对生活世界的反思

哲学把握生活世界独特的方式是反思。德国著名哲学家施奈德巴赫在谈到对合理性的谈话何以为哲学的方式时说："'关于合理性'的理论，本身并不只是哲学的，因为理性或合理性，正像我们所看到的那样，也是其他科学处理的课题，但如果它是合理性的反思性理论的话，它就变成了哲学的课题，因此，什么是反思，以及什么是哲学的反思，这便成了衡量一种合理性理论的哲学特征的依据。"❶ 也就是，理性或合理性也是其他学科所具有的特点，哲学的独特品性在于反思——自我意识。

哲学反思性的特点使它卓然屹立，呈现了与具体科学的不同。具体科学呈现的是一种对对象或事物系统的概括与总结，如果把哲学仅仅理解为是对自然、社会和思维知识的概括总结，那么，这就把哲学与科学等同起来。这不仅没有充分体现哲学反思的思维特性，并有把哲学等同于知识的嫌疑。如果把哲学概括为对三大领域的概括与总结，那么当自然科学的兴起把哲学"驱逐"出了自然领域，社会科学的兴起把哲学逐出了社会历史领域，而思维科学的兴起则把哲学"驱逐"出了最后一个"世袭领地"——思维领域，在被"驱逐"出整个世界的"三大领域"——自然、社会和思维之后，哲学无疑"下岗了"。因此，必须从反思性上把握哲学。

反思本质上是一种自我意识，即对自身的思考。正因为如此，人们把以"认识你自己"为主题的哲学定义为自我意识，这体现了哲学的终极关怀即人文的价值意蕴，黑格尔说："唯有思想不去追寻别的东西而只是以它自己……为思考的对象时，……那才是它的最优秀的活动。"❷ 哲学的自我意识往往不是直接以自身主体意识为对象，哲学作为人的自我意识的优秀之处恰恰因为哲学是一种反思思维，是对对象意识的意识，是一种本质的思维。自我意识不是凭空产生的，它必须以对象意识为前提，"一个实体是什么，只能从它的对象中去认识"，这不是一种现象的追问，而是指如同洋葱剥皮一样直至核心内核的本质追问；直击本质的对象意识是自我意识的基础，自我意识是对对象意识的意识，不仅自我意识之所以存在是因为有对象意识，而且对象意识之所以存在也是因为有自我意识，对象意

❶ 刘森林. 发展哲学引论［M］. 广州：广东人民出版社，2000：3.
❷ ［德］黑格尔. 哲学史讲演录［M］. 北京：商务印书馆，1981：10.

识的出发点是自我意识。认识总是要有对象存在的，但认识具体指向哪一部分信息，按照什么思维线路来把握信息却是由自我意识来调节的，自我意识使思维集中与自我的需要、利益相关的事件和关系，使符合人的需要的认识得到广泛传播，扎根于人的意识和行为中，这就对认识的发展起到某种指向作用，从而规定目标的确定；自我意识与对象意识发展是有正相关联的，自我意识是随对象意识的发展而发展的。人对对象意识认识的越充分，对自我了解就越全面。自我意识和对象意识的同一性决定了自我意识是一种本质意识。"一个实体必须牵涉到的对象，不是别的东西，只是它自己的明显本质。"❶

哲学以往对于宇宙的关注主要集中于对象意识，而现代或者后现代哲学对人的关注是更集中于自我意识；但两者不可分离。首先，没有以往哲学中发展的对象意识：即对宇宙的关注，也没有对人本身的关注，两者是相互依存的；正是在以往哲学对象意识的发展基础上，在近代、现代哲学中才有了人的自我意识的蓬勃发展。从"人啊，认识你自己"的哲学的感性号召到康德的"（1）我能知道什么？（2）我该做什么？（3）我可希望什么"？在1800年，康德补充了第四个问题：人是什么？可以看到哲学的本质不过是人把握自己的一种自我意识，是理论形态的人的最高自我意识。哲学在人的精神领域中，占有极端重要的地位，哲学的本质是人理解和把握自己的最高的自我意识。

二、哲学对人活动方式的文化批判

人的存在方式为什么要接受批判？康德的《在世界公民观点之下的普遍历史观念》一文中写道："当我们看到人类在世界的大舞台上表现出来的所作所为，我们就无法抑制自己的某种厌恶之情；而且尽管在个别人的身上随处闪灼着智慧，可是我们却发现，就其全体而论，一切归根到底都

---

❶ ［德］费尔巴哈. 费尔巴哈哲学著作选集［M］. 上卷. 荣震华，译. 北京：商务印书馆，1984. 126.

是由愚蠢、幼稚的虚荣、甚至还往往是由幼稚的罪恶和毁灭所交织成的；从而我们始终也弄不明白，对于我们这个如此之以优越而自诩的物种，我们自己究竟应该形成什么样的一种概念。"❶ 英国历史学家、《罗马帝国衰亡史》作者爱德华·吉本干脆表示：所谓历史"正是一部对人类的罪行、愚昧和不幸所做的记录"❷。

正因为历史的现实并不总是呈现人的文化及并不展现人的文化性，因此，哲学在对生活世界的反思中以文化之利剑批判现实的世界与现实的人，以求一个更加美好的文化世界。哲学家卡尔·波普尔说："一切活的事物都在寻求更加美好的世界。"❸ 哲学的功能就是为人类披荆斩棘、辅就一条幸福之路。

哲学是理论形态的自我意识，哲学是"思想的思想"，哲学把握人的存在是通过对对象意识的反思，要在对象世界中反思自我，反思自我的什么呢？自我的人性，也就是自我的文化性。但是"哲学家们只是用不同的方式解释世界，而问题在于改变世界。"❹ 通过哲学的反思、继而对主体的批判、最后通过改变了的更加具有文化的主体改变世界，使世界更加具有文化，从而达到人与世界统一于文化，人成为人自身才是哲学要达到的目标。

哲学是与人类的文明史共存的，它并不是一种既定的、静止的、抽象的、僵死的或教条式的理论体系，它是内在于人类历史和生存活动之中的生生不息地涌动的文化反思和文化批判。哲学的历史总是立足于现代，着眼于未来，对人们已形成的活动方式进行反思与重建。我们依照马克思把人类历史发展从主体角度进行了三阶段划分：人依次经历的人的依赖关系阶段、以物的依赖性为基础的人的独立性阶段和自由个性发展阶段。从这

❶ ［德］康德. 历史理性批判文集［M］. 何兆武，译. 北京：商务印书馆，2009：2.

❷ ［美］威廉·布罗德，尼古拉斯·韦德. 背叛真理的人们［M］. 朱进宁等，译. 上海：上海科技教育出版社，2004.108.

❸ ［英］卡尔·波普尔. 通过知识获得解放［M］. 范景中等，译. 杭州：中国美术学院出版社，1996.1.

❹ ［德］马克思、恩格斯. 马克思恩格斯文集［M］. 第1卷. 北京：人民出版社，2009：502.

个角度来看哲学如何自觉地把握人的生存。

农业文明是人的依赖关系时期，由于生产能力低下，人从属于自然，"靠天吃饭"。人对自然的依赖关系又必然导致对群体的依赖关系，以群体主体的活动方式去实现人对自然的主体性。这就形成了农业经济条件下普遍存在的人身隶属的依附关系，人没有任何独立和自主，人们处在自在自发的生活模式之下，具有自在性、自发性和重复性的特征，是由重复性思维、传统习惯、给定的图示和规则自发维度的重复性实践活动。

而哲学作为面对此时代的人的活动方式，对人的存在方式的把握，形成了朴素的哲学意识，这种哲学意识是最具有普遍性的总的文化意识。例如，中国的素朴而恒久的"天人合一"哲学思想作为现世的智慧，让人们从理念与行动中与自然保持一致，主要强调人要顺应大自然的力量，宣传外在力量对人的统治。古希腊的自然本体论和中世纪的"上帝创世说"本质上就是人对自然的依赖关系和对群体的依赖关系的反映，是外在力量对人统治的哲学。在农业文明中，哲学的意识还处于反映现实阶段，是外在力量的"婢女"，尚未完全展示"自觉"的自我意识，主要是对对象意识：即对对象的批判、反思和建构。

工业文明时代的哲学，自我意识则完全觉醒，以深邃而锐利的目光注视人的生存，对人的现有的生存模式反思和重新建构。随着工业文明时代的来临，大机器工业和自然科学的发展，人在自然关系上和社会关系上都取得了主体地位。人成为主体的超越性和创造性被释放出来，人超越了自在自发的生存模式。但人创造物质财富的同时，用物与物的联系取代了人身依附关系，物支配了人，资本支配劳动，人处于异化受动的生存模式之中。

黑格尔哲学与马克思主义都站在时代的前沿上高扬人的主体旗帜。现代的哲学家面对人的生存困境，则从不同角度进行深思和反省，并试图找到人的新的合理生存之路。马克思提出人的异化以建构自由而全面发展的人，尼采以宣告"上帝死了"提出重估一切价值，萨特"人是无用的激情"，弗洛伊德认为文化压抑人的本性故主张人的心理解放，实证主义拒斥形而上学，法兰克福学派对技术理性统治之批判，这些都是哲学面对时代主题的震颤，却表达了人的生存困境的忧虑、反思与重建。

后现代主义为我们提供了一种新的生活方式。它激励人们换一种活法，鼓励突破自我，挑战自我，鼓励人们开拓新的领域，进行新的尝试。活出自由，活出自己的风格，活出精彩。由于把人类社会看作一个我们都参与了的、正在进行的历险，因此后现代格外崇尚创造。创新者成为英雄，善于抓住机会的人成为英雄，它呼唤更开放、更灵活和更宽容的人。

如果说传统哲学主体尚未自觉，只局限于对人活动方式的反应，那么现代哲学则是积极从不同的视角和维度对人的生存模式进行反思，不断捕捉、预见、引导新的文化精神，为人的存在提供安身立命的精神支撑和启蒙，不断地通过现实的文化批判而成为社会运行的内在的自我批判和清醒的自我意识。海德格尔的"想到人的人性或人道方面去"，就是从人的文化存在，从人的活动方式去认识自己，达到人的最高的自我意识，完成哲学的使命。

而今日之文化哲学依然是对人的活动方式的内在启蒙和教化，它所要实现的是"思想渗透现实"。首先，文化哲学一改往日清高，走下神坛，步入人的生活世界，开始对人们一刻也不能离开的文化世界进行反思，使人们感觉到哲学在现实生活中的存在；其次，哲学对人活动方式的反思并不是把现成的理念或文化精神外在地灌输和强加给生活世界的人们，而是通过文化观念的碰撞来启示和教化人们思考生活方式，选择生活方式，因为现代科技的进步，人们生活在"地球村"，拥有不同文化的主体可以通过不受时空阻隔的对话、交流，碰撞促使生活世界内在的文化模式的启蒙和自我超越；最后，文化哲学作为一种生命智慧，通过对生命的不断省察，彰显出一种启示性的人生态度、生活理想和生命智慧，并把这种人生态度、人生理想和人生智慧外化于个人的生活实践并体现为一种生活方式，用文化去建构人的生活。这样，思想通过与人生活的近距离接触，渗透于人的现实，才达到"改造世界"的功能。

第四章　哲学与文化的发生学考察

从历史源流上梳理哲学与文化的关系，才能深层理解两者关系。本章节主要是在历史考察、理论论证的基础上，附以事例来论证两者的脉络关联。

第一节　哲学起源于文化

在考察哲学与文化关系时，更多的人看到了近代史中哲学作为科学母亲的角色在文化发展中所起的作用，却没有意识到哲学在起源上其实是文化的产物，并且是古代文化发展到一个巅峰时代的产物。但在探讨这个问题时会遇到一个难题，就是我们如何来确定文化诞生的标志与时间？是以原始社会人制造工具和使用工具吗？还是精美岩石上那些作为艺术品的具象的图画或者是抽象的符号？还是人们在一起共享式的生活？如何以文化之定义与本质来考量文化之生成的过程与节点？这是哲学对文化的考察遇到的第一个难题。

关于文化对哲学的重要作用，也有很多哲学家论述过。但是很多人都是从文化与哲学已经发生了的基础上来论述两者之间的关系，并且更多地从特殊的文化滋养了特殊的哲学的角度上来谈文化是哲学之基础。如 J. 杜威认为，哲学从根本上是对文化传统、价值观念和信仰的辩护——文化传统养育着哲学，虽然哲学家并没有意识到。换言之，哲学有着深刻的文化之根：一种文化会形成一种特殊的哲学，就如同中国文化传统会形成不同于西方哲学的独特的中国哲学一样。在这种意义上，哲学是天生具有党派性的（J. 杜威），也可以说，一切哲学都是文化的。在文化传统的视野里我们可以更深入地理解一种哲学。❶ 哲学起源对文化的依赖，还鲜有系统的考察。所以，在这里我们首先就对文化与哲学做发生学考察。

一、文化诞生在哲学之先

目前，人类有明确记载的哲学起源，大约是在约公元前 6 世纪，在巴比伦的囚虏中出现了以西结为代表的先知，希腊的伊奥尼亚产生了智者泰勒斯，印度有了释迦和筏驮摩那大雄（耆那教鼻祖），中国诞生了孔子和老子。❷ 这就是雅斯贝尔斯所定义的公元前 500 年左右的历史轴心时代。

如果哲学的诞生点是确定的，那么下一个需要确定的点就是人类文化诞生的标志。

让我们从人类的历史发展过程中进行考察。人类文化的发展首先是与实践的发展分不开的。而在实践中，最重要的是工具的制造和使用。从人类进化史的角度看，人类都是伴随着工具的发明而进化的，人类的工具系统是不断进化的，从硬性的器物性工具到软性的思维工具：语言和方法。

人首先是使用工具的动物。从物性工具的发展来看，人类诞生如果以智人为标志，那么早在 40000 年前就出现了人类，远古人类的祖先已经能使用简单的以自然形态为基础的工具和武器了。这在现在的大猩猩身上也可以看到。大猩猩能把树枝的小枝条去掉，形成棍子作为捅白蚁窝的工具。这也是人的简单制造工具的还原。就现在为止，人们能发现最原初的史前人类历史中的真正的工具是石器。它开启了人类历史的石器时代，这就是石头这个普通的器物所具有的非凡意义。石器时代分为旧石器和新石

---

❶　丁立群，文化哲学构建的主要问题［N］. 光明日报，2017－06－19（15）.

❷　［日］柄谷行人，哲学的起源［M］. 潘世圣，译. 北京：中央编译局出版社，2015：1.

器时代。

旧石器是用打制的方法做出的粗糙石器工具,旧石器时代从距今 180 万年前一直持续到 1.5 万年前。旧石器的漫长时期是人从猿人进化到人的关键时期。旧石器早期,人还是史前的人类即猿人,旧石器中后期,大约 25 万年前,猿人开始向人转变。与旧石器时代相适应的人类的生活模式从根本上说是协作制。塔西里·那杰岩画是一幅刻在撒哈拉沙漠岩石上的石器时代的绘画。学者认为这幅画描绘了妇女采集野生谷物的场景,妇女在翩翩起舞中采集谷物,而健壮的男人在狩猎。这不仅展现的是石器时代人们已经具有美的表达,并且还创造了共享式的生活方式。人类学家 R. B. 李得出结论:"一种真正的公社生活时常被当做乌托邦式的理想而不予考虑,时常在理论上得到认同,然而在实践中却实现不了。但是,有关食物采集者的证据却告诉我们一种截然相反的情形。这种有物共享的生活方式不但在世界上的许多地方都存在,而且还延续很长一段时间。"●

在旧石器时代也已经出现了符号。以文化的典型标志符号来看,画在洞窟里的史前壁画是迄今为止人类发现最早的绘画作品,是人最早的艺术表达,它们大约出现在旧石器晚期。这些绘画多以动物形象为主,尤以阿尔塔米拉岩洞和拉斯科岩洞的壁画价值最高。阿尔塔米拉岩洞位于西班牙北部,成画时间大约是公元前 3 万至前 1 万年左右,《受伤的野牛》是阿尔塔米拉岩洞壁画最精彩的部分。画中描述了一头野牛因受伤而扑倒在地却仍奋力挣扎的情景。画面色彩单纯,但却将野牛的野性和巨大力量表现得非常生动,具有强烈的艺术感染力。旧石器时代还有许多的符号岩画,大多是在对原物象进行写实性描绘基础上的提炼和抽象概括,是经历了漫长的时期演化而来的具有固定意义的符号。正如英国著名的图像学大师 E. H. 贡布里希在《秩序感》一书中这样说过:"岩画研究中最令人感兴趣同时也是最使人难解的,恐怕就是岩画中那些抽象的符号图形了。""没有什么东西能比那些已被遗忘了意义的,神秘的象征符号具有更强烈的吸引

● [美]斯塔夫里阿诺斯. 全球通史(上)[M]. 吴象婴等,译. 北京:北京大学出版社,2013:9.

力。有谁能说明在这些不可思议的形状和形式里包含了古人哪些方面的智慧？"❶ 这种抽象而神秘的符号表明了人的意识的萌芽。

在距今 1 万年前到距今 5000 年或到距今 2000 年不等，人类大多进入了新石器时代，这时候人用磨制法来制作石器，食物的来源大半甚至全部都是靠栽培和蓄养动物来获得，全世界大部分的人类都转向了农业。从西方"文化"一词的词源来看，文化的语词与种植的行为基本是同一时期的事物，历史也的确如此，大约公元前 3000 年前语言产生了。文化的语词可以表达农业与畜牧业的诞生，思想与存在统一了。人的实践能力的发展与语言能力的发展生成了人的文化，也促成了人的文化性的萌芽，因而为哲学的诞生奠定了主体基础。从农业与语言前后相随的历程及"文化"词义，以"农业"与"语言"为标志，可以确定文化在新石器时代诞生了。如果以语言为标志的话，那么文化诞生大致是在公元前 3000 年前。

就旧石器时代而言，人们之间展现的协作看起来非常和谐，难道不能称之为"文化"吗？不能作为一种文化诞生的标志吗？就我们所定义的文化而言，"文化是人特有的处理人与自然关系上兼顾自然需求、处理人与人关系上以教化为主的目的与手段相统一的求真、向善、臻美的活动及其成果"。可以看出，文化更倾向于的对象是"他者"。在旧石器时代，不遵守传统的人会导致死亡。而且在食物短缺时，婴儿和身体虚弱的人也会被杀掉。再者，这种协作与符号创造还不是作为一种普遍的人的方式而存在。而农业与语言对于人的意义则不同，农业的诞生标志着人的活动方式的整体改变，这是对原初自然保护的文化行为，语言则是对这种存在方式的清晰表达。因此，我们把语言与农业作为文化诞生的标志，更为贴切文化的本质。

二、哲学是古代文明高度发展的产物

在农业革命的新石器时代，文化诞生了。由于农业系统的灌溉和一系

---

❶ ［英］E. H. 贡布里希. 秩序感［M］. 长沙：湖南科学技术出版社，2001：37 –177.

列新工具的发明及其与此相适应的新社会制度的诞生，最终导致了文明的
出现。

首先，文明是文化高度发展的结晶。《全球通史》的作家乔治·威尔
斯、卡尔顿·海斯在"关于文明的起源和发展"中指出："经过科学研究，
学者们总结出了文明与新石器时代的文化之间的区别。这种区别在于，文
明是文化发展到较高阶段的产物。当文化发展到某个阶段，文字已经开始
广泛地应用，人文科学和自然科学也形成了各自的雏形，社会成员中出现
了等级和阶级观念，社会制度、政治制度、经济制度发展日趋完善，出现
了巨大的公用建筑，有些地方出现了城市中心。发展到这种程度的文化，
就可以称作文明。"❶ 同时作者也指出，这是文明的典型特征，但是不是所
有的文明都包含以上这些特征。例如，南美洲的安第斯山脉诞生的文明是
没有文字的，埃及人和玛雅人的文明中没有所谓城市的概念。因此，这些
特征可以是文明的典型特征，但是不能以此为标准来衡量文明的尺度。

人类最早文明的诞生地是苏美尔。美索不达米亚平原上文明的出现大
约在公元前3500年，埃及文明在公元前3000年左右，印度文明在公元前
2500年左右；大约公元前1500年在中国的黄河流域出现了文明，公元前
500年美洲出现了文明。

在公元4000年前，生活在有河流冲击的平原地带的人们创造了两河流
域文明，他们发明了人类最早的象形文字：楔形文字，还发明了犁和轮
子，还挖掘沟渠，创造了世界最早的灌溉系统。这是一个充满了农业创新
的时代，生产工具原料的铸造上的冶炼技术，使得人们不再局限于一种自
然工具的形式的简单改造，而是开始改变物质的存在形态，把矿物质加热
变为液体，他们炼出了青铜器。人们从青铜器再也看不出矿物质的本来面
目。最早的星象天文学是由于占卜而创造出来。苏美尔人创造了城市，作
为文明的典型特征的景观。

公元前2900年，苏美尔文明由于战争作为一个独立体的文明解体了。

---

❶ ［英］乔治·威尔斯，［美］卡尔顿·海斯. 全球通史［M］. 李云哲，译，北京：中国友
谊出版公司，2016：55.

但是文明的成果继续发展。在公元前 2113 年，苏美尔人重新统一美索不达米亚，建立了乌尔王国。乌尔王国的第三王朝称为新苏美尔时期，后来阿莫里特人的首领汉谟拉比建立了巴比伦王国——世界上第一部成文法典被颁布。其实早在公元前 6000 年，苏美尔商人就在小亚细亚、波斯湾、阿富汗地区和印度次大陆活动。他们的成就卓越：建立了最早的学校，在学校里有两个教室，分别容纳 45 名和 23 名学生。他们学习代数和几何等自然科学；发展了数学学科，他们详细记述了对牲畜、谷物和土地的测量方法；发展了天文的认识，他们从通神意来研究天体的运动，占星家留下了天文学的材料；颁布了汉谟拉比法典，全文 300 条，成为后来亚述人、希伯来人和迦勒底人制定法律的蓝本。

四大文明之一的埃及文明就现在的考古发掘而言，是受到了苏美尔人的影响。但是特殊的地理位置带给人不同的生活方式，尤其是对于死的处理方式。埃及金字塔是典型的建筑，代表了埃及人的神与人的观念，法老是神的化身，生前为人间神，死后为冥神，埃及金字塔也说明了人所达到的文化的成就。它绝不是用蛮力盖成的，人们的力学、数学、天文学的知识在这里得到了体现。尼罗河的缓缓流淌以及可预知的泛滥期带给埃及人的乐观的人生态度。

希腊文明是由非专业的考古学家施里曼发现的。爱琴海的文明程度很高，英国的亚瑟·伊文思认为克里特岛就是爱琴海文明的中心。公元前 17 世纪到前 14 世纪是克里特文明的鼎盛时期。之后，克里特文明消失了，取而代之的是迈锡尼文明，大约在公元前 16 世纪至公元前 12 世纪，迈锡尼还创造了自己的文字。在公元前 11 世纪到公元前 9 世纪，希腊处于黑暗时期，但是在公元前 8 世纪至公元前 6 世纪，城邦兴起。

印度文明在公元前 2500 年前，出现于巴基斯坦和印度地区。印度文明最显著的特点是完善的城市排水系统。出乎人预料的是，在印度文明中反而没有大规模的宏伟宫殿。印度文明中的图章有其自身的特色，出土的2500 枚印章中 400 多枚带有符号。

从以上三个文明古国的历史可以看到，古代文明时期要远远早于哲学诞生的时期。这个时代对于中国更是成立的，中国古代文明的历史要长于其他文明，并且古代文明时期的文化已经有了高度的发展，诸如语言、文字、法律、学校、代数、几何、天文学、城市、雕刻等等。城市中的建筑与寺庙都呈现了古人所具有的各种知识。文明是文化发展的阶段性高潮期，这时各种文化的综合发展为人类一种系统的、理性的思维形式：哲学的诞生奠定了基础。

哲学诞生其实大致是古代文明晚期的事实，可以看出哲学不仅是文化的产物，而且还是文化高度发展的产物。

首先，哲学是农耕文明的产物，农耕文明为哲学的诞生奠定了生存的物质基础与分工条件。人类有了基本的生存保证，开始对世界本质进行追寻。轴心时代已经是铁器时代，它表明人的劳动能力已经得到较高水平的发展。在农业生产力发展基础上的分工，是产生哲学家的必要条件之一。在农业发展的基础上，不仅有了剩余产品，而且剩余产品还能养活"有闲"哲学阶层。

其次，哲学是各种文化产品积累交错的产物。在语言、文字、代数、几何、法律、学校等各种文化形式和设施发展的基础上，哲学作为一个要整合已有文化成果的理性思维形式就呼之欲出了。很多人认为中国没有原初的宇宙学，即形而上学，只有道德哲学与政治哲学。其实不然，在孔子之后的墨子不仅提出"兼爱、非攻、尚贤"的哲学思想，而且提出"动静""光影""杠杆原理""十进制"等物理和数学概念，创立了以几何学、物理学、光学为突出成就的一整套科学理论，影响极大，当时社会就是"非孔即墨"的时代。克鲁克洪曾提出了文明的三条标准，而后经丹尼尔补充，通过《最初的文明》一书达到基本共识：第一条标准就是要有城市；第二条标准是文字；第三条标准是有礼仪建筑。这不是一个决然的标准，毋宁说它是一个统计学的标准。这三条标准至少说明哲学诞生之前已有城市、文字与建筑这些文化产品。

再次，哲学也是民主的果实。在相对民主的氛围中，哲学的真理性更容易展现出来。民主的出现与城市是相伴而生。从文明 Civilization 一词的词源来看，最早的词源为 Civil，来自拉丁文 civilis（公民的、市民的）及其 civils（公民、市民）。从这个词源来看，这里确实是有了民主的意味。同时，也可以看到，文明中的"公"与"市"是分不开的。也就是民主是与城市的发展分不开的。既然文明的标准中有城市，则必然有民主的存在。

在古代社会中，人类是不平等的等级制，但是在不平等的基础上已经有了相对民主的基质。民主意味着平等的人协商自己做决定的一种制度，这种制度不同于旧石器时代和新石器时代的权威制。民主有两种：政治民主与学术民主。

古希腊的哲学之所以兴起与发达，与民主制度的诞生是密切相关的。对于西方哲学而言，政治的民主无疑是最重要的诞生条件。西方第一个哲学家泰勒斯生活在公元前 624 年至前 546 年，其弟子阿那克西曼德生活在公元前 610 年至公元前 546 年、阿那克西米尼生活在公元前 585 年至公元前 528 年。从他们生活的年代来考察，公元前 8 世纪至前 6 世纪古代希腊城邦制度开始形成。公元前 594 年雅典的"梭伦改革"，奠定民主政治基础，也就是泰勒斯及弟子和阿那克西米尼所处的是一个民主政治时代。

学术民主的典型是古代中国。严文明教授总结了考古发现，进而梳理了中国文明的历程："当不晚于公元前 4000 年；公元前 3500～前 2600 年是普遍文明化的过程；公元前 2600—前 2000 年当已初步进入文明社会；夏商周是中国古代文明高度发达的时代。"❶ 而中国的孔子则出生在公元前 551 年至公元前 479 年，老子则出生在约公元前 571 年至公元前 471 年，是古代文明的晚期。孔老所生活的是东周的春秋时期，是政治多元化的时代，多元化也给予了学术的民主时代。每个诸侯国都力图实现自身的强大，从而相互竞争。所以，在文化上，知识分子各持所见，学术争鸣不绝于耳，交相辉映。同样的政治时代也出现在印度，这个时代孕育和诞生了佛教。早在公元前 1200 年左右，雅利安人进入印度西北部，逐渐与当地的

---

❶ 严文明. 文明起源研究的回顾与思考. 文物［J］. 1999（10）：33.

土著文化相结合，形成一种新的文化形态——婆罗门教。这时是雅利安人统治时期，释迦牟尼所在的迦毗罗卫国是少数仍保留传统贵族的共和国之一。古印度各国，为了争夺地盘和利益，你打我，我打你，和同时期的中国春秋战国时代一样。释迦牟尼生活的时代始终贯穿着战乱。佛教的发源地主要是恒河流域，而这流域就有 16 个国家，一直到释迦牟尼圆寂 120 年后，才出现了难陀王朝，恒河流域才从诸国分立的局面走向了统一。

综上所述，哲学带有文化的基因，是文化发展阶段繁荣的产物。因此，哲学是文化的，文化孕育了哲学，哲学脱离不开文化的母体。

第二节　哲学与科学的亲缘

哲学本体论与人论之间是统一的。本体论深涵人类对于世界的思考，揭示的是自然与人之间的关系。道法自然说明了人间正道与宇宙规律的相同之处。从人的诞生角度而言，人是自然之子，本体论的世界观是人的认识自我的基础。割裂宇宙哲学与人的哲学的关系，就相当于割裂人与自然的纽带。正是两条路径并行哲学才能整体地把握世界。宇宙观的哲学路径成为自然科学诞生的基础，而人的哲学路径成为社会科学诞生的基础。

一、哲学孕育着科学

哲学能孕育科学则哲学必包含着科学的内容，也就是哲学为科学提供了材料。如果把哲学概括为是对自然、社会、思维知识的概括与总结，这还是古代的哲学观，它准确描述了古代哲学的内容。在古代，哲学是人类文化的母体和各类知识的总汇，是关于世界的直接思想，有许多古代哲学家既是数学家、物理学家，又是天文学家等就说明了这一点。郭湛教授说："古代哲学是近代科学的摇篮，今天许多科学最初的思想、方法和知识，都曾是以往哲学家爱智慧、求智慧的副产品。"❶ 哲学不是所有知识的开创者，在哲学之先已有诸如代数、几何、天文等知识，但哲学却是所有知识的系统深入的思考者。哲学把已有知识都纳入哲学的框架，进行综合与概括，并且进行一种系统的发展，力图从一种基础原理的角度来奠定各种知识统一的基础。古代哲学自不待言，无所不包的性质最为明显。

　　例如，近代科学的原子论毋庸置疑就是在古代哲学的孕育中诞生的。原子论是德谟克利特的经典命题，而伊壁鸠鲁也持有原子论的观点。而毕达哥拉斯的数的和谐深深影响了莱布尼兹的前定和谐，科学家开普勒也认为数的和谐是上帝和谐的表征。正如李宏伟所说："亚里士多德主义、新柏拉图主义、机械主义思想并非泾渭分明，而是彼此缠绕共生于思想的生态系统中，它们作为整体为近代科学诞生奠定了哲学思想基础"❷。古代哲学的思想无所不包的性质，使其所有科学的发源地的追溯中几乎都有哲学的影子。

　　即使在中世纪，哲学也与其他的知识密切互动，成为科学文化的源泉。中世纪在阿拉伯东西方学者当中，地位最高、影响最大、传播最广的是伊本·西那，我国著名回族学者、北京大学马坚教授在庆祝伟大科学家阿维森纳（伊本·西那）诞生一千周年纪念之际，发表文章《伊斯兰文化的光芒——纪念阿维森纳诞生一千周年》，他在文章中说："在物理学方面，他（伊本·西那）研究过运动、接触、动力、真空、无穷大、光、热、雷、电和比重等最深奥而且最实用的问题。"他说，雷和电是由于云中某种气体的作用，先见电光而后听到雷声，是由于光的速度比较高，例如，在远处劈柴的人，我们先看到斧头落在柴上，然后才听到劈柴的声音。"在化学方面，他认为金属各有本质，我们只能使某种金属变色，而不能使其变质，因此，他反对当时最盛行的炼金术。""在数学方面，他译过欧几里得的几何原理，他的兴趣偏向哲学的方面，他解释'去九法'以及用此法证实平方和立方的道理。""在天文学方面，他有许多作为，还做

---

❶ 郭湛. 哲学的本性与前途 [J]. 社会科学战线, 1995 (8)：56.
❷ 李宏伟. 近代科学诞生的科学文化哲学基础 [J], 东北大学学报, 2013 (5)：445.

过实测的工作，译过多禄某的《天文集》，而且发明天文仪器上的一种零件。""在地质学方面，他研究过山岳、岩石和矿物的构成，并且在他的专论里讨论过地震、风、水、气候、沉积、干燥以及地壳固体化的其他原因。这篇论文是很重要的，在文艺复兴运动之前，欧洲人关于地质学的知识，以此论文为主要的来源。"❶

可以说，哲学的母体孕育了科学知识，近代科学诞生的过程就是哲学分化的过程：宇宙自然哲学分化为天文学、物理学、化学、生物学、地质学等自然科学；而伦理学、社会学、人类学、历史学也从"道德哲学""人生哲学"等人的哲学中分化出来。自然哲学是自然科学的母体，道德哲学或人的哲学是社会科学的母体。

二、哲学是现代科学诞生的助产士

哲学是科学的助产士，是说除去上文所提到的哲学中包含科学的内容，哲学为科学的诞生提供了基础外，哲学还为科学提供了方法论。在近代科学的发展中，科学在显性上是哲学的反对者，在隐性上是哲学的跟随者。也就是不论你是反对哲学，还是爱哲学，你都是哲学的。马赫说："我们的文化逐渐获得了完全的独立性，远远超过了古代。它在后来显示出全新的趋势。它以数学和科学启蒙为中心。但是古代思想的轨迹仍然徘徊在哲学、法学、艺术和科学中，它们构成了障碍而不是财富。不过从长远看，它们抵挡不住我们观念的发展。"❷ 不论如何评价哲学在科学诞生中的作用，即使像马赫这样，都无可置疑的以反面的例子来证明哲学对科学的诞生的影响。

在近代科学的诞生中，有一位哲学家的名字，必不可跨越，那就是亚里士多德。亚里士多德是古代哲学思想的集大成者，他的思想不仅很大影响了古代哲学，并且在中世纪托马斯·阿奎那手中得到复活。在近代科学

---

❶ 李振中．伟大的哲学家、科学家、医学家伊本·西那［J］．回族研究，2002（2）：56.
❷ 李醒民：科学文化的诞生［N］．中国科学报，2017－07－17（7）．

兴起的时候，回望亚里士多德的思想是近代科学诞生的一条路径。但复活亚里士多德是中世纪哲学的荣光，而近代科学的诞生却是亚里士多德的苦难记。哥白尼的日心说对亚里士多德的地球中心论的否定、著名的伽利略斜塔的实验对亚里士多德的"重的物体比轻的物体下落快"命题的否定，等等。但近代科学在多大程度上反对了亚里士多德，就说明他们在多大程度上依据了亚里士多德的研究。没有亚里士多德的研究，近代科学可能还要延迟诞生。波普尔的"证伪主义"充分证明了亚里士多德的重要性。在这里，亚里士多德可谓是错的伟大，因为重要的不是他对问题的答案，而是他以问题答案的形式提出了问题。正如人们常说的那样：一流的哲学家提问题，二流的哲学家回答问题。近代科学对亚里士多德的否定恰恰证明了自然科学最初的萌芽是在哲学的襁褓之中。宗白华评价说："他不同柏拉图一样，是个单纯思辨的哲学者。同时还是一切事物的严密观察者。所以，在他的手中，作为科学的哲学才能达到古代的完成，同时，开始对自然作严密的科学认识的也是他。因此，从某种意义上看，可以说他在一切科学上，都是创立者。"❶

即使是被后来的哲学家百般批判的中世纪哲学也为科学提供了必不可少的严谨逻辑与思维。怀特海在讲到"现代科学的起源"时说："我们只要稍微提一句，就能说明经院逻辑与经院神学长期统治的结果如何把严格肯定的思想习惯深深地种在欧洲人的心中了。这种习惯在经院哲学被否定以后仍然一直流传下来。这就是寻求严格的论点，并在找到之后坚持这种论点的可贵习惯。"❷

被爱因斯坦认为近代科学真正创始人的伽利略也不能离开哲学。伽利略为科学的研究奠定了方法论，爱因斯坦表达为"逻辑 + 实验"，或者是"逻辑 + 数学 + 实验 + 观察"的方法。伽利略用这种方法开启了对亚里士多德的致命反击，从而彻底颠覆了以亚里士多德为主导的整个古代的科学传统。其中的逻辑自然少不了亚里士多德的三段论，这是亚里士多德典型

---

❶ 宗白华. 西洋哲学史［M］. 南京：江苏教育出版社，2005：84 – 85.
❷ ［英］怀特海. 科学与近代世界［M］. 何钦，译. 北京：商务印书馆，1989：12.

的逻辑学贡献。正如怀特海所说："伽利略得益于亚里士多德的地方比我们在他那部关于'两大世界体系的对话'中所看到的要多一些。他那条理清晰和分析入微的头脑便是从亚里士多德那里学来的。"❶

16 和 17 世纪的近代科学革命在唯理论与经验论的辩论中诞生。多尔比说："16 和 17 世纪是自然研究发生重大转变的时期。最壮观的变革发生在自然哲学（自然科学）之中，完美的力学世界图景赫然耸立，其杰出的代表人物有伽利略、笛卡尔和牛顿。这些成就使自然哲学成为重要的文化力量。"❷ 这充分说明了近代哲学在科学诞生中所起的作用。

在近代哲学中，在哲学与科学分离后，以斯通普夫的《西方哲学史》中所讲解的近代哲学家为例，在书中他共论述了 17 位哲学家，其中培根、莱布尼兹、洛克、笛卡尔、休谟、康德、黑格尔、边心、孔德、马克思等至少十位哲学家都是身兼数职，如笛卡尔是近代法国哲学家、物理学家、数学家，莱布尼兹更是数学家与哲学家。其中贝克莱的身份是唯一的哲学家，但他通过对微积分的质疑极大地推动了数学的发展，等等。这些哲学家或者推动了逻辑的发展，等等。或者推动数学的发展，或者推动了经济学的发展，或者推动了物理学的发展，等等。总之都在一定程度上推进了科学的发展。

正是在上述意义上，我们可以得出这样的结论：科学中必有其哲学渊源，每个学科要讲发展史，必定要在哲学思想中寻求源泉。科学中必有哲学基础，科学中的基础方法都是哲学所提供的。所以哲学不仅是科学的孕育者，而且哲学还是科学的助产士。

---

❶ ［英］怀特海. 科学与近代世界［M］. 何钦，译. 北京：商务印书馆，1989：12.
❷ 李醒民：科学文化的诞生［N］. 中国科学报，2017－07－17（7）.

第五章　哲学与科学文化关系案例分析

科学和技术是现代文化最重要的构成要素。三次科技浪潮打造了现代化的社会，现代化从本身的意义上来说就是工业化，而现代的工业革命是信息化的工业革命。科技的高涨催生了科学的自大，在科学眼中，社会仿佛就是科学的"伺服系统"。"伺服"一词源于希腊语"奴隶"的意思。但是社会是心甘情愿地服从科技控制讯号的要求而行动。本书在谈到科学的概念中，除非特殊说明，否则科学既包括人文社会科学，也包括自然科学，以及内含技术在内，是广义的科学。

科学成为文化中最重要的组成部分，并且成为人们的一种生活方式。卡西尔经典性概括和总结表明了科学在现代生活中的地位："科学是人的智力发展的最后一步，并且可以被看成是人类文化最高最独特的成就。它是一种只有在特殊条件下才可能得到发展的非常晚而又非常精致的成果。……在我们现代世界中，再没有第二种力量可以与科学思想的力量相匹敌。它被看成是我们全部人类活动的顶点和极致，被看成是人类历史的最后篇章和人的哲学的最重要的主题。"[1] 卡西尔的话非常深刻。科学是文化的典型形式，代表人类文化的最高等级。并且科学还是人的活动的样式，科学技术改变了社会，改变了人的生活范式。齐曼则专门针对最富有文化气息的学术科学（academic science）说：它是一种文化，是一种复杂的生活方式，是在一群具有共同传统的人中间产生出来的，并为群体成员

---

❶　[美] 卡西尔. 人论 [M]. 甘阳, 译. 上海：上海译文出版社, 1985. 263.

93

不断传承和强化。科学文化培养了理性，并深深地依赖信任。❶ 所以，难以想象，现代的文化哲学，如果拒斥"形而上学"（这个形而上学代表了对宇宙本质的追寻，因为在本质的追寻中必然经过科学的门口），那么，何谈本身是"文化"哲学？即使把文化哲学定义为狭义的对人的活动方式的研究，而把科学置之度外，忽略科学也是人的活动方式之影响，也无法全面理解与改造人的活动方式。

不论是从何角度理解的文化哲学，科学文化都是文化哲学必须要面对的对象。从历史与现实的角度深入探析哲学在科学中的作用，都是文化哲学必不可少的向度。关于哲学与科学之间的发生学意义上的关系，已经通过上文得到简略的理论概述。为了更加透彻地分析历史与现实中科学与文化的关系，本章采取案例分析的方法，以自然科学中的数学与社会科学中的经济学为例，来分析哲学与科学之间的内在关联。

第一节　哲学与经济学的内在关联

之所以选择经济学为案例，是因为经济学的地位。它被称为"社会科学皇冠上的明珠"，并且经济学是在社会科学中唯一设立诺贝尔奖的学科，这足以说明经济学在社会科学中的地位。因此，以哲学与经济学的关系作为哲学与社会科学关系典型性、代表性的案例，当我们分析完经济学与哲学的关系时，那么其他人文社会科学与哲学的关系也就能得到普遍性的结论了。

美国杰弗里·M. 霍奇逊教授曾写了《经济学是如何忘记历史的：社会科学中的历史特性问题》一书，探讨了被经济学遗忘的与历史的关联。那么，在这里，我们要探讨的是被经济学忘记的哲学的历史，建立哲学与

---

❶ 李醒民：科学文化的诞生［N］. 中国科学报，2017－07－17（7）.

经济学的关联。赵修义教授曾在《洛克哲学和英国古典政治经济学——经济学与哲学相互关系的一个案例》文中提出了一系列非常好的问题：经济学与哲学有无关系？作为时代精神的集中表现的哲学对该时代经济思想有无影响？一个经济学派的经济理论是否蕴含着自己的哲学前提？这是一个颇有争议而又必须回答的问题。它不仅涉及思想史上的事实真相，而且涉及当今在这个以和平和发展为主题的世界上，在以经济建设为中心的历史时期，我们如何处理哲学与经济学的关系。本书不想对这一重大的理论问题做出系统的论述，仅仅试图对 18 世纪英国经验论哲学大师洛克的学说同英国古典经济学的内在关系做一分析。以此作为一个案例，引出一些必要的结论。❶ 这段话不仅说明了研究经济与哲学关系的理论意义，而且也简明扼要地说明了此研究的现实意义。

最早提出"经济"一词的是古希腊的哲学家色诺芬，可见哲学与经济学历史关系之久远。一方面因为经济学与哲学的关系实在是太密切，哲学家有很多经济学的思想；另一方面出于主题的相关性，探讨经济学与哲学的关系只是本书论述哲学与科学文化关系的例证。基于篇幅和主题所限，本书不能就所有的哲学家的经济思想进行详细论述，在这里只能选择典型案例做说明，同时也不可能穷尽哪怕是案例中所提到的一个哲学家的所有经济思想。所以，本书只是裁剪了哲学史中的部分哲学家的部分经济思想来做典型例证，以此来证明经济在一定的历史中是内在与哲学之中；在一定的历史阶段，哲学成为经济的助产士，帮助经济的诞生。我选择样本的依据：本身是伟大的哲学家而且又对经济产生过重大影响。

一、哲学孕育经济学

在经济学诞生之前，西方经济思想都是由哲学来提供的。在此中苏格拉底、色诺芬、柏拉图、亚里士多德、西塞罗、奥古斯丁、阿奎那、洛

---

❶ 赵修义. 洛克哲学和英国古典政治经济学—经济学与哲学相互关系的一个案例［J］. 学术月刊，1997（2）：27.

克、休谟等哲学家都作出了重要贡献。但是他们的经济思想不是其理论的核心，关心经济只是他们哲学思想的触角而已，或者是哲学作品中隐含的或者流露出的关于经济的思想，或者把经济思想作为哲学思想的思考对象。

（一）古希腊哲学家的经济学思想源流

苏格拉底在经济学上的贡献主要是开创了一条人之路径，在这个路径上行进必然遭遇到经济问题。苏格拉底的思想主要通过色诺芬的转述，如同孔子学说是通过学生转述，成为名副其实的"学生之说"的学说一样。苏格拉底著名的哲学命题是"认识你自己"，西塞罗评价苏格拉底哲学的意义是："苏格拉底第一个把哲学从天上拉了回来，引入城邦甚至家庭之中，使之考虑生活和道德、善和恶的问题。"❶ 在《新编经济思想史》中是这样评价苏格拉底的："这一哲学路径的开拓鼓励人们用世俗的理性观点去观察现实的经济问题，同时把经济问题的讨论置于人自己的伦理道德的关怀之中。"❷ 也就是，苏格拉底带给人一种视角，这个视角就是人的生活世界，而人在生活世界中，必不可少充满商业交换的经济生活。

苏格拉底的学生色诺芬因为倾向于斯巴达的贵族专制统治而被雅典公民大会终身放逐，于是他回到斯巴达赐予的奥林匹克领地开始经营农场。出于实际经营的思考，在公元前 387 到前 371 年间，他写了《经济论》，这是古希腊流传下来的第一部经济著作。他第一次提出了"经济"概念，但其内涵与现在经济概念不同，主要的含义是家政管理，他强调：家庭管理是一门学问，研究主人如何管理好自己的财产，使财富增加。

苏格拉底的另一名学生柏拉图则在《理想国》中对经济进行了宏观涉及，即公有制的制度设计，而柏拉图的学生亚里士多德就经济所有制问题与柏拉图分道扬镳，亚里士多德更多地看到了私有制的激励，师徒两人在这一点上泾渭分明。

---

❶ 叶秀山 . 苏格拉底及其哲学思想 ［M］. 北京：人民出版社，1986：73.
❷ 顾海良 . 新编经济思想史 ［M］. 第 1 卷 . 北京：经济科学出版社，2014：43.

亚里士多德是跨学科专家，他研究哲学、政治、伦理、自然科学、医药等领域。他的经济思想主要体现在《尼各马可伦理学》卷 5 和《政治学》卷 1。这两部著作从规范的角度对人类行为进行全面论述，构成了对统一的社会科学最早的系统论述。亚里士多德谈论经济是从政治角度上或者是社会角度上来讨论的，他的关于经济的观点都是更多地放在政治学卷中。从这个角度谈，所有政治科学和政治学的东西都要从亚里士多德那里摄取营养，同时所有的经济问题自始就与政治问题相联系。

亚里士多德讨论了私有财产、共产主义和家庭，他把欲望及其满足作为经济分析的基础，从自给自足的家庭经济出发，接着谈到分工、物物交换以及为了克服直接交换的困难而使用的货币。他不仅像后来的经济学家那样清楚地区分使用价值与交换价值，而且他还看出交换价值的出现是由于：有人拒绝你物品的必然选择。其内容是说在社会中必然会牵涉到货物与劳务的交换；最初，这种交换"自然地"采取物物交换的形式。但是需要别人货物的人可能没有别人所需要的东西，因此常常有必要在交换中接受自己不需要的东西，以便通过进一步的交换行为（间接交换）去获得他真正需要的东西。明显的方便就会诱导人们默契地或通过立法行为去选择一种商品作为交换的媒介，这就产生了货币。由此，他探寻到货币产生的秘密，货币不是双方需要的产物，而是被拒绝的必然选择。亚里士多德是西方世界的第一个货币理论家，他通过考察货币的起源而认识到物物交换中必然出现中介——货币，而其中的等价方法后来也成为数学的重要方法。

我们所熟知的泰勒斯赚钱的故事出自《亚里士多德选集：政治学卷》。人们常常讲了那个故事来说明哲学家只要愿意就可以赚钱，但是却没有讲亚里士多德认识到这种行为最深刻的一句话："这种支付方式具有普遍性，说到底是造成了一种垄断。"❶ 此评价已充分说明他对经济现象已经认识的非常深刻了。

---

❶ ［古希腊］亚里士多德. 亚里士多德选集：政治学卷［M］. 颜一，译. 北京：中国人民大学出版社，1999：25.

（二）斯多葛学派间接影响了经济

斯多葛学派不仅极大影响了经济思想，而且影响了法律的建构。虽然法律在哲学之前而存在，但是法律进一步的普遍化与系统化则极大地受到了哲学的影响。斯多葛学派对经济的影响主要是通过其对法律思想的影响而实现的。

斯多葛学派是塞浦路斯岛人，提出飞矢不动的芝诺于公元前300年左右在雅典创立的学派。这个学派因在雅典集会广场的画廊聚众讲学而得名，斯多葛（Stoic）就源自希腊文stoa（门廊）。斯多葛学派影响了罗马的西塞罗、赛涅卡以及罗马皇帝马尔库斯·奥勒留。斯多葛学派的主要观点是控制我们的态度，幸福无关于外在，幸福在于我们自身内部的调和。而这一种生活态度也是与宇宙观相联系的，他认为世界有一种理性的神，存于万物之中，神在每一事物之中，人因而也具有神道，所以只要人顺应神道，就可以感觉到幸福。

斯多葛学派的哲学思想影响经济的历程是间接的，主要是通过法学影响经济学。它影响了罗马法，而又通过罗马法影响了现代欧洲法律体系。关于这一点马歇尔在《经济学原理》中做了说明：斯多葛学派和晚期罗马法学家的世界经验对经济思想与经济行为产生了巨大的间接影响。他说："罗马却因奠定现代法学的基础而对经济学间接地产生了极其深刻的影响。罗马的哲学思想主要是斯多葛派；罗马帝国的大法律家多数都信仰这种哲学，从而，影响了后来的罗马法，通过它又影响了所有现代欧洲的法律。"在斯多葛派的影响下，罗马哲学家致力于在各种具体的法典之中寻找根本之法。于是，罗马法逐渐而稳步地扩大了契约的范围，并且通过修正使它更加精确，伸缩性更大，力量也更强，最后，几乎一切社会事务都置于它的支配范围之内。现代法律家明确规定个人财产权的趋势就是从受斯多葛学派影响的罗马法中继承而来。因此，马歇尔说："我们现在的经济制度中许多好的和坏的方面都可以间接地从罗马特别是斯多葛派的影响中得到说明。一方面个人在处理自己事务方面的放任自由，另一方面不容许在法

律体系所确立的权利的掩护下有任何一点粗暴，而这是确定不移的，因为它的主要原则是公平合理的。"❶

西塞罗继承了斯多葛学派强调从平等的观念，并且把这一思想应用在法律中，他强调"人人财产平等"。在此基础上，他创造性地主张和赞同私有制并认为国家的正义是保护私有财产。他提出"共和国是人民的财产"，而"人民是一个许多人在共同法律下联合组成的联合体，并且这个联合体是为公众利益组成的"，国家是"共同法律下享有共同利益的组织"。在这里，西塞罗把国家与经济、法律有机的联系在一起，提出国家本质的经济性质，国家实现经济利益的形式是通过法律，法律的核心是经济利益，即国家的存在是为了维护私有财产，法律是国家维护私有财产的工具。这里已经有了国家作为公共利益的代表调整私人之间利益的功能，在这里，呈现了更加明晰的政治与经济之间的关系。

斯多葛派认为在社会中有两种法律的约束：国家法与自然法，国家法是习惯法，自然法是理性法，自然法高于国家法。西塞罗引用莱利乌斯的话说："真正的法律乃是正确的规则，它与自然相吻合，适用于所有的人，是稳定的，恒久的，……将不可能在罗马一种法律，在雅典另一种法律，现在一种法律，将来另一种法律，一种永恒的、不变的法律将适用于所有的民族，适用于各个时代；"❷ 总之，西塞罗的思想是古代罗马的第一部成文法典——罗马法发展史上的一个重要里程碑。

（三）托马斯·阿奎那的经济思想

在人们称为"黑暗时代"的中世纪，哲学与宗教结合比较紧密，宗教强大的影响力在蔓延，它不仅关心人的精神生活，而且关心人的物质生活。因此经院哲学也供给了大量的经济思想，以重要的经院哲学家托马斯·阿奎那为例来说明哲学与经济的内在关联。

---

❶　[英] 马歇尔. 经济学原理 [M]. 下卷. 陈良璧，译. 北京：商务印书馆，1965：381.
❷　[古罗马] 西塞罗. 论共和国　论法律 [M]. 王焕生，译. 北京：中国政法大学出版社，1997：120.

12 世纪法兰西经院派的哲学家主张理性，反对审查制度，欧洲人才重新发现了希腊典籍。阿奎那复活了亚里士多德的思想，他努力调和世俗生活、哲学与宗教的关系。第一，阿奎那用亚里士多德改变了《圣经》中对私有财产的认识。《圣经》谴责私有财产、财富以及人对经济利益的追求。在早期基督教教义中，公共财产符合自然法则，私有财产是不符合的。因此，教徒追求私产是不正当的。阿奎那融合亚里士多德的思想指出：拥有私产并不违背自然法则。在自然法则下，所有的财产都是公共的。私有财产的增长是对自然法则的一种补充，如同裸露身体与自然法则一致，而衣服则是自然法则的补充。他赞同私有财产并认可私有财产的不平等分配；第二，他还涉及一个经济的关键"公正价格"，也就是价格的道德方面。他认为当动机与价格结合在一起时，价格才是公正的：动机的仁慈与价格的公正的行为是合乎道德的。如果商人利润或自用，或公益，且价格公正，使双方受益，那么这种行为就是正当的。柯南德尔认为公正价格的概念成为古典和现代理论的先驱：李嘉图－马克思劳动价值理论、边际效用观点以及古典－新古典理论中所暗示的竞争性市场产生理想公正价格的观点。❶ 它们都是受益者。在公正价格的观点基础上，阿奎那还就高利贷这一经济现象进行了深入的研究。

通过以上古希腊、古罗马还有中世纪的典型案例，虽然不能窥见经济学与哲学的全貌，但是从历史的大致脉络里，也说明了经济学与哲学之间所具有的历史的内在关联。

二、哲学是经济学的助产士

近代晚期是科学呼之欲出的时代，哲学进一步推动经济学诞生以及经济学诞生后，与之交流，伴其成长。

赵修义教授在《洛克哲学和英国古典政治经济学——经济学与哲学相

---

❶ ［美］兰德雷斯，柯南德尔．经济思想史［M］．周文，译．北京：人民邮电出版社，2014：41.

互关系的一个案例》一文中，引述了马克思对于洛克的评价：马克思在《剩余价值学说史》中讨论洛克关于劳动的一般观点及利息与地租的起源的论述时指出："洛克是同封建社会相对立的资产阶级社会的法权观念的经典表达者；此外，洛克哲学成了以后整个英国古典经济学的一切观念的基础，所以他的观点就更加重要。"❶ 其实，不仅洛克，近代的哲学家培根、霍布斯、洛克、休谟等都为经济学奠定了哲学的基础。

以经济学的创始人亚当·斯密为例，可以说明哲学与经济学之间的相交关系。亚当·斯密是西方经济学的开创者，他的经济学的哲学性非常明显，其《道德情操论》是《国富论》的基础。哲学家休谟对斯密影响巨大。亚当·斯密与大卫·休谟年龄虽然相差 12 岁，但两人之间的关系却极为密切。据统计，在斯密写出和收到的共计 397 封信函中，根据目前整理出来的有 55 封是他与休谟往来的信件。❷ 从通信数量可见二人关系之密切。其中一封写于《国富论》刚刚出版，休谟给斯密信函：告诉斯密自己对《国富论》的评价，对其中的观点如农场的地租、铸币税征收等提出了自己的看法，与斯密交流。斯密的挚友杜格尔特·斯图尔特在《亚当·斯密的生平和著作》中指出斯密在"进入牛津大学之后，他似乎就全力以赴地进行人类本性的研究"❸。可见，休谟的人性论对斯密影响之深了。

威廉·配第是白手起家的经济实践家，他在 1676 年写的《政治算数》思想也受到了哲学运动的影响，对于亚里士多德与经院哲学家，威廉配第几乎专门用文字来阐述他们的观点，而笛卡尔、霍布斯、培根所用归纳法、经验论和数学都对配第影响巨大，在此基础上，威廉·配第在经济学领域成功地开创了统计学的方法。

我们列举了两位经济学家深受哲学影响来证明诞生时期的经济学与哲学的内在关联，这些经济学家或者是通过与哲学家的交往，或者是通过自

---

❶　赵修义. 洛克哲学和英国古典政治经济学——经济学与哲学相互关系的一个案例［J］.学术月刊，1997（2）：27.

❷　王伟凯. 亚当·斯密与大卫·休谟往来信函读解［J］. 2012（11）：105.

❸　［英］杜格尔特·斯图尔特. 亚当·斯密的生平和著作［M］. 蒋自强等，译. 北京：商务印书馆，1983：5.

己研读哲学著作来创建自己的经济学，他们对于哲学的态度与当代经济学家对于哲学的傲慢态度截然不同。

现代经济学家能自觉把握哲学的非常少，对经济与哲学理解最为深刻的经济学家是熊彼特。《经济分析史》是熊彼特用生命最后九年集中写作、但未终稿的书籍，该书久未完成就是由于他身陷哲学难以自拔，熊彼特的妻子说："他的兴趣在不断地扩大，他发觉难以很简略地论述那些对他具有吸引力的题目。（举例来说，经院哲学家和自然法则的哲学家，在四十年代初期，使他兴趣日浓。）"❶ 作为一名经济学家，他也清晰地认识到了哲学在经济学说中的重要性，哲学家的经济学说让他深深着迷。熊彼特在研究中发现，哲学与经济学的关系的确非常密切，他认为："与'哲学'的关系可说是占压倒'一切'的地位，以致可以把这一章的标题改为'经济学与哲学'。"❷ 他在简要地论述了经济学与社会科学、经济学与逻辑学心理学的关系之后，就开始着重论述与哲学的关系。

他认为：除宗教教义外，所有其他的都是"哲学的学科。于是到了十七与十八世纪，哲学通常就分为自然哲学与道德哲学，这种区分是德国自然科学与人文科学区分的先兆"。经济学无疑是来源于哲学。他大胆决定经济学的诞生是从 1750 年到 1800 年之间的某时开始，而这一时期的顶峰也许是斯密的《国富论》（1776 年）。而十八世纪末的古典经济学是两种类型研究成果合并的产物：哲学家在几百年研究工作中积累起来的经验事实资料和理论工具和由实际工作人员在讨论当时政治问题过程中积累起来的事实和理论。也就是古典经济学的建立离不开哲学。

他专门举了柏拉图的例子来说明，这补充了上面所提到的典型哲学家的典型思想的例证。他认为柏拉图谈论经济的目的完全不是分析，而是一种理想城邦的超经验的想象，或者可以说是一种作为艺术创作的城邦。柏拉图的两点贡献是分工与货币：第一，他（还有亚里士多德）强调的不是分工本身引起的效率提高，而是由于分工使每个人专做最适合他性格的工

---

❶ ［美］熊彼特. 经济分析史［M］. 第 1 卷. 朱泱等，译. 北京：商务印书馆，1991：3.
❷ ［美］熊彼特. 经济分析史［M］. 第 1 卷. 朱泱等，译. 北京：商务印书馆，1991：47.

作；第二，货币是为了便利交换而设计的一种"符号"。也就是柏拉图的经济思想是为了城邦的理想国服务的。

熊彼特虽然不愿意更多地承认哲学在经济中的影响，但是他坦然承认："在哲学领域内几乎没有一种观念不是从希腊流传下来的，而许多这些观念虽然与经济分析没有直接关系，但却和分析家的一般态度与精神有较大关系，尽管我已小心地指出不应过分强调这些背景的影响，特别是各种后亚里士多德学派如怀疑论者、斯多葛派、伊壁鸠鲁派与新柏拉图主义者。"❶ 他专门指出了伊壁鸠鲁哲学对于经济学的影响。他认为伊壁鸠鲁思想体系的三个主要思想在中世纪后期、文艺复兴时期以及以后都不断显现。第一个是他的原子唯物主义，与后来机械论的宇宙哲学相吻合，也许还影响了后者。第二个是享乐主义或幸福主义有很大的差别，特别是对快乐与痛苦所下的定义很不相同，但是从伊壁鸠鲁到赫尔维提斯与边沁，仍然是一脉相承。他们同称为广义的享乐主义者。第三个是社会契约说，伊壁鸠鲁虽然不是创始人，但却是一个重要的倡导人，这个观念由经院哲学的前辈传给了倡导自然法则的哲学家，后者于十七、十八世纪采用了这个观念。❷ 这其实也说明了哲学不仅对经济学影响深远，而且对政治学、社会学、物理学都影响深刻。

在现代的经济学家中，能像熊彼特一样深入把握哲学的经济学家已经很少了。现今，经济学与哲学的互动仿佛都是历史的篇章，而那些经济哲学研究往往还用古代哲学的套路，即从哲学来研究经济，但是遭遇的困境是现在的哲学与现代的科学都今非昔比了，只有古代哲学家的集大成者才能真正站在哲学视角中来研究哲学，而今日研究经济哲学的哲学家既不是古代的哲学家，也不是现代的经济学家，所以经济哲学往往成为一个自言自语且被经济学本身所忽略的学科了。哲学与经济学仿佛度过了历史的蜜月期，现在进入了相互指责与不屑的冷战期。

---

❶ ［美］熊彼特. 经济分析史［M］. 第1卷. 朱泱等，译. 北京：商务印书馆，1991：105.
❷ ［美］熊彼特，经济分析史［M］. 第1卷. 朱泱等，译. 北京：商务印书馆，1991：106.

第二节 哲学与数学的内在关联

20世纪80年代，钱学森曾提出：数学应该与自然科学和社会科学并列，建立一门单独的"数学科学"，数学应该与自然科学、社会科学有同样的地位。数学的确非常重要，它不仅是自然科学的基础，而且也是社会科学中必不可少的工具。数学的内容和方法可以渗入到任何的一个学科中去。正是由于数学在自然科学中的重大作用，所以在研究哲学与自然科学的关系中，我们选择哲学与数学的关系作为典型案例来加以说明。

一、数学成为哲学的文化资源

数学是少有的在哲学诞生前就存在的、比较先进的知识，很多哲学家都受到了数与几何的启发，因此数学是哲学诞生的重要思想资源。

（一）哲学对先在文化零的建构

数学来源希腊语 μαθηματικ，有学习、学问、科学之意。古希腊学者视其为哲学之起点、是"学问的基础"。数学来自于人类早期的社会生产实践，其基本概念的精炼早在古埃及、美索不达米亚及古印度内的古代数学文本内皆可见。

数学史家卡·郎·科恩伯格非常有魄力地把零的发明归功于公元前3000年的苏美尔人。哲学家亚里士多德在《物理学》中对零做了哲学的概括与总结：空白是一个碰巧没有物体存在的地方。零不是哲学家创造的，但确是哲学家思考的对象。古代哲学家毕达哥拉斯以数为基础提出万物皆数的世界观。

在近代哲学史上，莱布尼兹不仅是伟大的哲学家，而且还是微积分的创立人，他使数学发展成为研究无限的科学。莱布尼兹说，世界有两大谜题使理性迷惑：一是自由与必然如何协调的问题；二是连续性与不可分割性如何统一的问题。❶ 也就是一个是人的生活问题，一个是物质运动问题。他创立微积分就是要解决物质运动的连续的问题。他曾设想过推理机器，希望用一台机器代替人的推理活动，在人们争执不下的时候让计算机进行演算，他的努力促进了数理逻辑的研究。现在数字世界的运行必须感谢莱布尼兹。与零关系最为密切的是 1，当 0 和 1 联系起来，我们得到现在的数字世界。所有的计算器、计算机、电话、电视以及电子设备的运行都是基于断断续续重新排列的二进制代码 0 和 1 完成的。二进制数据是用 0 和 1 两个数码来表示的数，它的基数为 2，进位规则是"逢二进一"，借位规则是"借一当二"，这都是由莱布尼兹发现的。这是历史上巨大的进步，在数值构建上苏美尔人基于 60 次幂，玛雅人基于 20 次幂左右，二进制是基于 2 的幂。现在比以往更为简单，这是历史的巨大进步。

在 19 世纪哲学中，马克思和恩格斯在《数学手稿》和《自然辩证法》中，运用唯物辩证法研究数学问题，对数学哲学的许多问题做出重大发展。

0 与 1 的关系也对认识哲学的作用有重要启示。如果用 1 代表所有的物质，世界上所有的数字都是由 1 和 0 连接起来创造的。以 0/1 和 1/0 为两端点，能得出了"费瑞序列"，从 1 和 0 出发，能得到所有的无理数。12 世纪修道士创立了塞勒姆规则：每一个数字都起源于 1，反过来这个 1 又来自 0，这里面存在着一个巨大而神圣的秘密，虚无的零中创造了一切。在现在的社会中，哲学的作用很像是零，仿佛若有若无，没有任何作用。但是哲学的作用也如同数字零的作用一样。众多的科学文化作为 1 都从 0 中来，科学从无到有，创造了今日璀璨的科学之光。

（二）哲学对先在文化几何的建构

哲学家都重视数学，西方哲学史上早期的哲学家泰勒斯、德谟克利

---

❶　张景中. 数学与哲学［M］. 大连：大连理工大学出版社，2016：99.

特、毕达哥拉斯，都曾经到埃及学习几何。柏拉图的学校的课程都是政治、伦理、社会方面的，可以说与数学相关性不大。但柏拉图创办的哲学学校却在校门口声明：不懂几何学的人，不要入内。可见几何与哲学密切相关。

哲学对几何的原点问题进行了追问：几何的公理何来？在几何中，公理被认为自明之理。那么，自明之理从何而来？数学家总是自觉不自觉的受到哲学观点支配。数学家倾向于认为公理是自明之理，是真理，几何从真理出发，得到真理。唯心主义认为公理来自人的先天洞察，来自上帝的启示，或者人对理念的认识。唯物论者认为，真理是对客观规律的认识、经验的总结。二元论者认为，公理是人用先天的感知能力对经验总结的结果。康德的先天形式就是典型的自明真理的来源。哲学家追问的是：你的公理何以成为公理？数学家在这一点上，渐渐走入了实用主义，如果某一些对象适合于这些公理，它一定也适合于从公理中推出的定理，也就是说好用就是公理。

波普尔在《开放社会及其敌人》第一卷的出版中，有一个补遗，提名为：柏拉图和几何学，可以作为哲学家建构几何学的典型案例。波普尔曾经提出一个假说"柏拉图是最早发展出一种特定的几何学方法的人之一，其目的是在破产的毕达哥拉斯学说中将可以挽救的部分挽救出来"；肯定性的证据被他复述为三点："（1）对 2 的平方根的不合理性的发现是毕达哥拉斯把几何学和宇宙（或许所有知识）都归结为算数的方案破产，从而导致希腊数学的危机；（2）欧几里德的元素不是几何学的教科书，而是柏拉图学派解决这个危机的最后尝试。这种尝试试图通过在几何学的基础上，重建整个数学和宇宙学，并颠倒毕达哥拉斯算术化方案以便系统的，而不是单独的处理不合理性问题；（3）后来由欧几里德提出的这个方案，最早是由柏拉图构想出来的，柏拉图是认识到重建必要性的第一人；他选择几何学做新的基础，选择几何学的比例方法作为最新的方法，他提出将数学、天文学和宇宙学几何化的方案；他还成为几何学世界图景的缔造者，因而也成为近代科学哥白尼、伽利略、开普敦和牛顿的科学——的缔造者。"❶ 也就是柏拉图的几何建构影响了此后诸多自然科学家。

16世纪的文艺复兴时期，哲学家笛卡尔创立了解析几何，将当时完全分开的代数和几何学联系到了一起。他曾有一个大胆的设想：把一切问题化为数学问题，一切数学化为代数问题，一切代数问题化为代数方程求解问题。他用坐标法把初等几何问题化成了代数问题，并认为从不可怀疑和确定的原理出发，用类似数学的方法进行论证，则可把自然界的一切特征演绎出来，这种思想可以说是毕达哥拉斯的"万物皆数"的坚持。1977年，杰出的数学家吴文俊教授发表他的初等几何定理机器证明方法，其基本思想是："先把几何问题化为代数问题，再把代数问题化为代数恒等式的检验问题，代数恒等式的检验是机械的，问题的转化过程也是机械的，整个问题也就机械化了。"❷ 这就实现了笛卡尔的想法。

二、哲学成为撬动数学的杠杆

在数学历史中，数学一直在进步。但是数学历史上最关键、最重大的革命都是哲学引发的，哲学以提问题的方式或者以质疑的方式推动数学不断发展与完善，哲学在关键点上以小拨大的方式推进数学的发展，成为撬动数学的杠杆。我们可以从数学的三大危机中看哲学所起到的作用。

（一）毕达哥拉斯：数的世界观及内在矛盾

毕达哥拉斯认为万物都是由数构成的。这与泰勒斯开创的从具体事物中探讨万物本源的传统不同，毕达哥拉斯开始用抽象来说明万物的本质。这说明了数的重要性，这一点在现代社会得到了充分验证。数学成为所有自然科学和技术的基础，并且数学也进入了社会科学的领域。社会科学也逐步离不开数学，统计学、经济学其基础都是数学。牛顿的《自然哲学的

---

❶ ［英］波普尔. 开放社会及其敌人［M］. 第1卷. 陆衡等，译. 北京：中国社会科学出版社，1999：384-385.
❷ 张景中. 数学与哲学［M］. 大连：大连理工大学出版社，2016：104.

数学原理》建立的经典力学的理论体系成为近代科学的标准尺度，其中就融合了数学、物理学与哲学。

毕达哥拉斯是西方第一个发现了勾股定理的人。勾股定理在中国、巴比伦都知道早很多，但是却没有再往前一步发现根号 2 的秘密。据说这个世界上第一个发现无理数的学者叫希帕索斯。传说他因为发现了毕达哥拉斯学派的自身矛盾而被抛入大海。按照毕达哥拉斯的理论，世界上一切的东西都可以用数来相互准确的表达，任何的东西都可以得到一个精确的自然数或者是分数，而边长为 1 的正方形的对角线却无法用精确的数来表达。这个根号 2 到底是不是数？根号 2 的发现打击了毕达哥拉斯万物皆数的信条。

这个数学的谜题是由哲学家提出来，同时哲学家也着力来解决这个问题。其实这是个连续性问题，即 0 到 1 之间到底有多少数？亚里士多德认为，当两个相互接触的物体各自的端点成为两者共同端点时就会出现连续的连接。伽利略认为，连续的东西可以由无限个元素组成，好比一种可以研成极端细的粉末。莱布尼兹提出"连续性定律"，认为世界上的一切都是连续变化的，数学上的连续性是用无穷小量来定义。❶

本来哲学家认为世界上的量都可以用数来表示，数可以表示几何，但是现在却有不能被数表达的几何。数作为一种世界观被动摇了。因此，才有毕达哥拉斯学派发现根号 2 的学徒的悲惨命运。这个难题直到十九世纪末通过"戴德金分割"、通过实数理论的建立才得到解决。

数的世界观是哲学家建立的，在数的世界观遇到了神秘的根号 2 的无解，动摇了哲学家的万物皆数的世界观。而哲学家提出的根号 2 的难题，数学用了近 2000 年的时间来解决这个问题。

（二）莱布尼兹—贝克莱：微积分的是与非

连续性是对运动的规定。赫拉克利特认为事物是运动，变化发展的，

---

❶ 张景中．数学与哲学［M］．大连：大连理工大学出版社，2016：5.

人不能两次踏入同一条河流。巴门尼德则认为存在是静止、不变、永恒的，变化只是一种幻觉。巴门尼德的学生中有著名的芝诺，他提出：飞矢不动，即箭在射出的每一个瞬间都是占据一定的空间位置，每一瞬间都静止，所以，飞矢不动。这被称为"芝诺悖论"。而数学能解答这一难题。

解答这一难题的是哲学家莱布尼兹与牛顿，他们发现了微积分的方法来测量瞬间速度，当处于某一位置的飞矢是有瞬间速度的，"飞矢不动"的芝诺悖论被解除了。

但是一个悖论解除，又有一个悖论出现。

莱布尼茨的微积分是在 1672～1676 年期间完成的。哲学给了他智慧，但发现微积分不仅仅需要哲学，还需要更为广泛的知识，他研究了开普勒、建立不可分原理的数学家卡瓦列里、哲学家笛卡尔和帕斯卡、数学家和物理学家沃利斯的文献创立了微积分。

莱布尼兹与牛顿共享微积分创立者的荣耀。但微积分不足之处在于用"瞬"来表示无穷小量，但又对"无穷小量"概念没有明确的界定，表现出了混乱和矛盾；在表述上或"瞬"或微分，或"无穷小量"，三者产生了混淆与混乱。哲学以科学精神的逻辑严密性质疑科学。

对微积分的质疑最为猛烈的是哲学家贝克莱。他于 1734 年发表了《分析学家：或致一个不信教的数学家》，其中审查现代数学的对象、原则与推断是否比之宗教的神秘与信条、构思更为清晰，或更为明显，首先，他指出了微积分是一种数学、几何学上的巨大的历史进步，"流数方法是一把通用的钥匙，当代数学家们借助于它来解开几何学的、最终也是大自然的奥秘。这一方法使数学家们能够在发现定理和解决问题方面大大超越古人。正因为如此，其发挥、应用便成为古今那些号称深刻的几何学家们主要的（如果不是唯一的）事业"。接着，他就质疑："然而这些方法究竟是否清楚，是否没有矛盾，并且可以加以证明；或者相反，只是一种含糊的、令人反感的和不可靠的方法？我将以最公正的方式来提出这样的质疑，以便让你们，让每一位正直的读者做出自己的判断。"贝克莱对微积分的质疑是以一连串问题来出现的："我所非议的不是您的结论，而是您的逻辑和方法：您是怎样进行证明的？您所熟悉的对象是什么？关于它们您的表达是否清楚？您依据的原理是什么？它们是否可靠？您是如何应用它们的？"并且根据这些问题与逻辑漏洞对微积分给予致命的一击："这些消逝的量是什么？它们既不是有限，也不是无限小，又不是零，难道我们不能称它们为消逝量的鬼魂吗?!"❶

贝克莱指出的理论瑕疵，直到19世纪在一批数学家的努力下，微积分才解决这一问题。

（三）罗素：罗素悖论对集合的质疑

19世纪下半叶，康托尔创立了著名的集合论，由于无论是几何、算术、微积分的研究对象都是以集合形式呈现，因此，集合形成了数学的基础。1900年，在国际数学家大会上，法国著名数学家庞加莱就曾兴高采烈地宣称：借助集合论概念，我们可以建造整个数学大厦，并且认为集合论的绝对的严格性已经达到了。弗雷格是德国逻辑学家和哲学家、现代数理逻辑和分析哲学的创立者，其著作《算术基础》被称为"分析哲学的第一部著作"。

1902年，当《算数基础》第二卷即将出版时，弗雷格收到了罗素来信，信中说：在他的系统中发现了一个矛盾——这就是我们今天所知道的"罗素悖论"。这是由弗雷格诉诸外延概念所引起的。在确定空集时，弗雷格用概念"自己不是自己"的外延确定了空集。这样，空集合的类就确定了一个非空的集合 {0}，与 {0} 数量等价的集合类叫做1。❷

罗素给现代著名的哲学家弗雷格写了一封信，罗素在信中叙述了他的悖论："有些集合不以自己为元素，如弗雷格规定的 {0，1，2} =3，'3'并不是自己的元素，也可能自己是个集合，所以也是自己的集合。现在考虑所有那些'不以自己为元素的集合'。这个概念的外延确定了一个集合，

❶ 刘大早. 贝克莱的数学悖论思想［J］. 湘潭师范学院学报（社会科学版），2009（2）：33－35.

❷ 张景中. 数学与哲学［M］. 大连：大连理工大学出版社，2016：41.

它是不是自己的元素呢？如果它以自己为元素，它就不符合定义自己的概念，因而不是自己的元素。如果它不以自己为元素呢？它又和概念相符合了。它应当以自己为元素。这就陷入了两难之境。"❶ 弗雷格读信后大为震惊，他在即将出版的《算术基本法则》第 2 卷的结尾处写了这样一段话："在工作结束之后而发现那大厦已经动摇，对于一个科学工作者来说，没有比这更不幸的了。"❷

"罗素悖论"则让数学家们意识到了一个可怕的事实：集合论是隐含着逻辑矛盾的，如果把现代数学建立在集合论的基础之上，将有可能从根基上动摇数学大厦，甚至使其有倾覆的危险。因此"罗素悖论"在当时的数学界和逻辑学界内引起了巨大的震动，并导致了数学发展史上的第三次数学重大危机。为了解决这个悖论，20 世纪初整个数学界投入了极大的精力，推动了集合论巨大变革。数学以"有限抽象原则"和 ZFS 公理系统（集合论公理系统）来解决这个问题，之后数学家康托、哥德尔、科恩等都一再完善理论，不断解决这个难题。

总结，哲学对于数学的三次历史性贡献：

第一次数学的巨大发展是哲学家毕达哥拉斯建立了数的系统理论，但也带来了数的自身危机，最终导致了数学中实数理论的建立，哲学推动了数学的发展。同时，数学也帮助哲学家回答了"什么是连续性"问题。总结数学历史上的发展，可以看出哲学功不可没。第二次数学的巨大发展是微积分，哲学家莱布尼兹是首创者，但也面临着根源性的危机，哲学家贝克莱提出的悖论是微积分的噩梦。但是在解决问题的过程中，数学又迎来了一系列的发展。同时，数学也帮助哲学回答了"运动是什么"的运动的连续性问题。第三次危机，哲学家与数学家集于一身的弗雷格创立了集合理论，哲学家罗素以罗素悖论的形式提出质疑，这又促进了数学一系列的发展。数学的每次飞跃，确有哲学的身影相伴，两者在同行中互相质疑、解惑，砥砺前行。

---

❶ 张景中. 数学与哲学［M］. 大连：大连理工大学出版社，2016：42 – 43.
❷ 张景中. 数学与哲学［M］. 大连：大连理工大学出版社，2016：43.

第三节　哲学对科学的价值

一、哲学对科学的价值总结

以上典型案例已经说明，哲学在古代、近代，甚至在现代都能与科学互动，不论是古代哲学包含孕育的形式，还是近代哲学助产的形式。哲学对于科学的价值是无可替代的。从经验事实的角度而言，17世纪的霍布斯、培根、洛克经验主义哲学和唯理论的哲学之后，才有了牛顿的《自然哲学之数学原理》宣告了现代物理学的诞生，这标志着古典哲学时代的结束、现代科学的开始。从统计学的角度，大连理工大学王良滨等用定量统计方法研究了近现代西方哲学对西方科学的先导性影响，发现科学家高峰期与哲学家高峰期的转移具有前后一致性。一个国家的哲学家高峰期到该国出现科学家高峰期在时间上越来越短。两者的时间差，意大利为130年，英国为110年，法国为70年，德国为30年，美国则为零年。❶ 这无疑都证明了哲学对于科学是至关重要的，哲学是科学的先导。

著名数学家张景中教授的一段肺腑之言指明了哲学的价值，正确地认识了哲学的离去及其不能忘却的作用。他说："哲学家谈论原子在物理学家研究原子之前，哲学家谈论元素在化学家研究元素之前，哲学家谈论无线与连续性在数学家说明无限与连续性之前。一旦科学真正实在地研究哲学家所谈论过的对象时，哲学沉默了。它倾听科学的发现，准备提出新的问题。哲学，在某种意义上是望远镜。"❷ 哲学是科学的母亲，但哲学从不

---

❶ 王良滨，王续琨. 中西方科学家与哲学家高峰期的比较研究 [J]. 科学学研究，2001 (4)：15.

❷ 张景中. 数学与哲学 [M]. 大连：大连理工大学出版社，2016：109－110.

垄断，以无私的精神孕育和滋养着科学。

哲学家海德格尔说"科学的基础是哲学"，并强调"这一点适合于任何一门科学"。

二、哲学对科学产生的价值点

第一，哲学对科学的价值点在于提问题与质疑。罗素曾指出哲学的不确定思考的范围极其广阔，包括："思辨的心灵所最感到兴趣的一切问题，几乎都是科学所不能回答的问题；而神学家们的信心百倍的答案，也已不再像它们在过去的世纪里那么令人信服了。接着他例举了这些问题：世界是分为心和物吗？如果是这样，那么心是什么？物又是什么？心是从属于物的吗？还是它具有独立的能力呢？宇宙有没有任何的统一性或者目的呢？它是不是朝着某一个目标演进的呢？究竟有没有自然律呢？还是我们信仰自然律仅仅是出于我们爱好秩序的天性呢？假如有一种生活方式是高贵的，它所包含的内容又是什么？我们又如何能够实现它呢？善，为了能够受人尊重，就必须是永恒的吗？或者说，哪怕宇宙是坚定不移地趋向于死亡，它也还是值得加以追求的吗？究竟有没有智慧这样一种东西，还是看来仿佛是智慧的东西，仅仅是极精炼的愚蠢呢？对于这些问题，在实验室里是找不到答案的。各派神学都曾宣称能够做出极其确切的答案，但正是他们的这种确切性才使近代人满腹狐疑地去观察他们。对于这些问题的研究——如果不是对于它们的解答的话——就是哲学的业务了。"● 也就是哲学家所思考的范围不仅是人的问题，而且是把人的问题纳入到宇宙的问题中。这些问题无一不是科学问题，或者是自然科学问题，或者是人文社会科学问题。

哲学问题不仅体现在广泛性，而且体现在深刻性与同一性。任何学科都有本体论问题，在徐利治、郑毓信所撰的《数学中的矛盾转换法》（珍

● ［美］罗素．西方哲学史［M］．何兆武等，译．北京：商务印书馆，2006：26－27.

藏版）中，就把数学的基本问题概括地表述为"数学对象可否能看成一种独立的存在？如果可以，这是一种什么样的存在？如果不行，则应该怎样理解数学研究的意义？"❶ 究其实质，这就是思维与存在的关系问题，这个问题形式对于任何一个学科都是存在的。并且任何一个学科要成立都要问自己三大哲学问题：我是谁？我从哪里来？我到哪里去？对经济学来说，就是经济学是什么？经济学历史是什么？经济学的要解决什么问题？就是考量经济学发展的三大基本问题。

也如同罗素所言，哲学提出了问题，但是没有固定的答案，正因为如此，很多人由此得出结论：哲学不是科学。其实哲学最重要的不是问题的解答是否具有唯一的真理性，而是提问题。如西方哲学史的第一位哲学家泰勒斯说：世界的本原是水。泰勒斯所给出的答案就现在科学看来是不对的，但他的重要价值是"世界之问"：世界的本原是什么？并且开拓了一条不同于神话和神学回答的唯物角度，即能从具体的物质来寻找世界本原的思考路径，这是具有革命性的思考路径。印度思想家克里希那穆提有句话耐人寻味，他说："问题是一切研究的核心，其他都是次要的。""这些问题清晰而有深度，问题本身就是答案。"❷ 问题比答案更重要，正因为有了这样的问题，哲学家和科学家才执着地不断寻找问题的答案，数学家从数中寻找、经济学家从人的本身来寻找、物理学从力来寻找，这些都构成了世界的本源是什么的切片研究，当把切片研究的结果进行深刻的整合，人们对世界本原的认识会更进一步。

质疑是一种批判，是对已有问题的答案提出"问题"，从本质上也是问题，以推进现有科学进一步发展来解决问题。哲学在数学历程中贝克莱悖论、罗素悖论所起到的质疑作用是最为明显的典型案例。

第二，哲学对于科学的价值点在于假说与猜想。如果说科学以实证为特点，那么哲学显然不那么实证。但是就其实证的科学而言，在科学的探

---

❶ 徐利治．郑毓信．数学中的矛盾转换法（珍藏版）［M］．大连：大连理工大学出版社，2016：98.

❷ ［印］克里希那穆提．生而为人［M］．陈雪松，译．北京：九州出版社，2011：251.

索过程中也必然存在着大胆的猜想，即充满想象力的假设。哲学对于问题的解读是多项度的，从来不是唯一的答案，正因为如此，才给人以开阔的视野和思路让科学为哲学或者证实、或者证伪，但不论证实或是证伪都说明哲学的价值。所以，哲学给出的每一个答案都是一种假说、猜想。如德谟克利特的原子说在公元前的世纪是以假说的形式存在的，在 1907 年爱因斯坦的理论和现代科学的实验室中才得出完美的证明。

哲学对于科学的价值点在于猜想。在哲学中，抽象的思想和大胆的想象力是完美结合在一起的。再如阿那克西曼德认为同时并存许多世界和宇宙，他们在冲突中相互毁灭，而终点是自我的毁灭。这种平行宇宙的学说在今天当物理学家与天文学家谈到的时候，大家都还认为是一种科幻，何况在遥远的公元前 500 年。所以，哲学的飞翔不仅在于它理性的思维身躯，更在于哲学有一双能展翅飞翔的想象力的翅膀。

更重要的是哲学的假说与猜想的整体性、本质性的特点呈现了它的深刻性。哲学作为万象之学的地位，确实是有过于宏观之嫌疑，但是正是这种宏观给与哲学家纵观全局的气魄与智慧，能从事物的联系上思考最基本、最普遍的问题，并且通过联系使事物实现从"多"到"一"的统一，所以，哲学总是寻求事物的最本质的答案，以求化繁为简。如笛卡尔在患病的清晨躺在床上思考几何学与代数学的问题，他通过联想，把几何与代数联系在一起，即几何学上的最简单的对象"直线"与代数上最简单的"一次方程"联系起来，联系的方式是用点的坐标概念。接着，他又发现了圆锥曲线和二元二次方程的对应关系，这样笛卡尔写了《几何学》，他成为解析几何创始人。

第三，哲学对于科学的价值点在于提供了科学的方法论。古希腊的哲学家推崇演绎推理的居多，这与当时最发达的最系统的科学是几何学有关。可见，哲学的方法与自然科学相关。亚里士多德在《工具论》中论述了三段论的推理方法。在托马斯·阿奎那那里，亚里士多德的逻辑成为经院推理的方法。方法论的巨大进步是在近代，在以培根为代表的经验论哲学派别反对只是演绎的推理，培根写了《新工具》的书来系统阐述归纳推理的方法，建立在科学实验、经验事实为基础的归纳法成为获取知识的可靠方法。与此同时，笛卡尔、莱布尼兹、斯宾诺莎为代表的唯理论认为感觉经验不可靠，只是表象，因而数学演绎的方法才是有效的。笛卡尔认为，事物远看就小，近看就大，说明感觉不能确实地认识世界。莱布尼兹认为，要认识一个普遍的真理，例子再多也没有用。事实的真理靠演绎得来才有必然性、普遍性。斯宾诺莎推崇演绎法，用几何学的体例写出了《伦理学》，确信哲学上的一切问题，都可以用几何学的方法证明。而在现代逻辑实证主义试图统一演绎与归纳，因此区分了两种真理：经验真理与逻辑真理，经验真理通过归纳得出，具有或然性；逻辑真理通过演绎得出，具有必然性。其实，演绎与推理是对立统一的。初等几何已经证明了归纳的有效性，演绎推理能揭示事物的内部联系。归纳与演绎是我们认识世界的两种基本方法。在归纳与演绎的不同程度的真值得到了确认后，批判理性主义又进一步批判归纳法，认为不能从个别到一般，从而得出科学本质不是真理，只是猜测，理论不能被完全证实只能证伪。

总之，哲学是具有创造力的文化。哲学在科学之前以大胆假设与猜想推动科学进步，在科学之后又以批判与质疑来推动科学发展，并且为科学提供了方法论。

波普尔把科学的增长过程概括为：（1）科学始于问题；（2）科学家针对问题提出各种大胆的猜测，即理论；（3）各种理论之间展开激烈的竞争和批判，并接受观察和实验的检验，筛选出逼真度较高的新理论；（4）新理论被科学技术的进一步发展所证伪，又出现新问题……以上四个环节、循环往复，无止无境。即用公式表示为：P→TT→EE→P……（"P"表示问题，"TT"表示各种相互竞争的理论，"EE"表示通过批判和检验以清除错误，P表示新的问题。）这就是波普尔著名的科学发展"四段式"动态模式。从波普尔的科学的发展四阶段理论中我们能看到哲学在科学中的典型的作用。哲学在问题（P）、猜想（TT）、批判（EE）等科学的环节中，都发挥了重大作用。

哲学与科学的关系考察，证明了在科学的发展中不能没有哲学。就如同数学中不能没有零一样。哲学是相当于零。数学用简单的数字来表达着复杂的世界本质，而把庞大的数学体系连成一个整体的是零。柏拉图在《蒂迈欧篇》中就有了解答："它总是接纳所有的物体，它从来不以任何方式固定地呈现进入它的物体的任何性质；它的本性是可以作为任何一个事物的母体，它被进入它的物体改变并表现出多样性，它在不同的时间表现出不同的性质"，他继续写道："因此，作为一个可以接受各种各样物体的符号，它必须没有任何性质；就像制造膏药的基质，制造者总是寻找那些尽可能没有气味的液体作为初始原料，这种原料还易于吸收香味……如果我们称母亲或者容器具有不显眼和平凡无奇的本性，这绝对不是自欺欺人。"❶

---

❶　[美]卡普兰. 零的历史 [M]. 冯振杰，译. 北京：中信出版社，2005：80－81.

第六章　文化哲学：哲学的复兴之路

文化哲学是哲学的复兴之路，一方面，文化哲学能使哲学复兴，它能解除哲学危机，成就哲学的复兴；另一方面，文化哲学也要复兴传统哲学，回归自然（宇宙）哲学与生活哲学两条腿走路的路径，才能实现哲学的复兴。在科学的历史上，在人的历史上，哲学可以骄傲地说：不能没有我。但今日哲学昔日荣光已成过往，在现在，生活中与科学中的哲学像一个扭捏的小媳妇：欲说还羞。说生活，太抽象；说科学，不明白。所以哲学仿佛到了"休止符"的时代。在哲学的危机时刻，文化哲学的范式的提出：即重新建立文化与哲学的纽带，是哲学的复兴之路。

第一节　对现有文化哲学的批判

哲学的危机是现在人所共知的事。面临着哲学的危机，人们从不同程度来揭示哲学危机的原因和解决路径，其中影响最大的是后现代流派，它主张哲学之危机在于形而上学，因此治疗哲学要"拒斥形而上学"。于是哲学回归生活世界的呼声愈高，文化哲学鹊起。但是辗转二十多年，文化哲学之成果并不兴旺。同时，哲学自身危机并未解除，如同哲学史家杜兰特所说："信仰不再，希望不再。……这就是我们时代的症状。让我们悲观的并不只是大规模的战争，更无关乎近些年来的经济衰退。""不是我们的房子空了，也不是我们的国库空了，空了的是我们的心灵。……我们已经迈入了精神枯竭和绝望的年代，仿佛回到当初需要基督诞生的年代。"❶这种状况意味着哲学的危机与衰落，这就是文化哲学要面对的自身存在的问题。文化哲学真的能拯救哲学，为哲学开拓一条新的路径吗？文化哲学应如何成就哲学的复兴呢？这也是我们要思考的问题。

一、对生活哲学的批判

文化哲学关注人的生活方式，对于生活哲学的研究有两种类型：一种是抽象的关照，如海德格尔的"存在"；另一种是具体的关照，如日常生活批判。

但是这两种关照方式都有各自的问题。

第一种，抽象关照生活的哲学让哲学仿佛离开了生活本身。哲学的抽象不是对客观事物的一次抽象（即直接抽象，我们也可把其称之为一次元抽象），而是间接抽象（n 次元抽象）。作为理性思维的哲学的概念就是间接抽象的结果。哲学的命题是在概念基础上的，通过判断与推理形式的形成的抽象概念之间的连接，哲学思想展现的是人对普遍事物的把握能力。例如，大家公认数学对客观事物的一种抽象的思维方式："谁曾见过'一'，我们只能见过某一个人、某一棵树、某一个房间，而绝不会见到作为数字研究对象的真正的'一'。"❷"'一'的概念就是所有单个事物在数量上的共同反映"❸。而哲学比这个数学的"一"还要抽象，用柏拉图的话转译这个数学"一"的问题就是理念与客观世界的关系问题，也即哲学的基本问题：思维与存在的关系问题。这与原初的"一个人"等，一探何其

---

❶ ［美］威尔·杜兰特. 论生命的意义 ［M］. 褚东伟，译. 南昌：江西人民出版社，2009：13.

❷ 徐利治，郑毓信. 数学中的矛盾转换法（珍藏版） ［M］. 大连：大连理工大学出版社，2016：98 - 99.

❸ 徐利治，郑毓信. 数学中的矛盾转换法（珍藏版） ［M］. 大连：大连理工大学出版社，2016：98 - 99.

远也。由此可见，哲学抽象度之高。

这同时也说明不论是多么抽象的宇宙自然观问题，其实都是从实际出发的问题，"除非从实际存在的东西而来，否则就没有任何理论问题"❶。哲学无时不深深地关注着日常生活，只不过关注生活的方式过于抽象而已。

第二种对于日常生活批判而言，文化哲学又显得那么不哲学。对于日常生活的关注从昂利·列斐伏尔开始。他在 1947 年的《日常生活批判》第一卷中明确表示：哲学家们不要把日常生活作为琐碎之物弃之不用，而是要关注人的现实问题。他认为"日常生活在某种意义上是一种剩余物，即它是被所有那些独特的、高级的、专业化的结构性活动挑选出来用于分析之后所剩下来的'鸡零狗碎'，因此也就必须对它进行总体性地把握。"他认为"日常生活与一切活动有着深层次的联系，并将它们之间的种种区别与冲突一并囊括于其中。日常生活是一切活动的汇聚处，是它们的纽带，它们的共同的根基。"❷ 列斐伏尔指出的生活之路是正确的。但哲学研究日常生活是那么"不哲学"，当然表现在它关心的是琐碎的日常，更重要的被认为"不哲学"的原因是此文化哲学对琐碎日常的经验材料的提取不足，不能用新的、深刻的、抽象的理论来关照日常生活，因而日常生活批判的哲学逐渐失去了哲学的味道，日渐衰落。

所以，文化哲学关注人的生活很纠结，它生活在抽象与具体的两个极端。要不过于抽象深刻，但具体性不够；要不就是具体形象，但深刻度不足。

二、对科学哲学的批判

现在哲学的分支很多，例如科技哲学、法哲学、经济哲学、政治哲学

---

❶ ［西］奥德嘉·贾塞特. 生活与命运［M］. 陈升等，译. 柳州：广西人民出版社，2008：6.

❷ Henri Lefebvre. Clitique of everyday life Volume Ⅰ, Introduction ［M］. Verso, London. New York，1991：97.

等，这些都属于文化哲学的子类，都归属于文化哲学。但这些部门哲学其实应该叫做哲学科学、哲学法学、哲学政治学、哲学社会学等，以此类推。因为他们所研究的范式是从哲学到科学、法学、政治学等，是把哲学的方式与方法加到科学、法学、政治学之上，是哲学在各门科学的应用。所以，如果把它们集合在一起命名应该叫"哲学应用学"，而非文化哲学。

哲学应用学也没什么不好，从哲学路径对各个科学和学科的本质进行探讨，也是非常有益的事。这如同古代哲学涉及了多方面的科学知识，对系统科学的产生也起到重要的作用。但最重要的是，现在的哲学已经不是以往的哲学了，现在的哲学家也不是以往的哲学家了。以往的知识是散落的珍珠，哲学就是穿起珍珠的链条，哲学是无所不包的，哲学家是有广阔的视域。

以莱布尼兹为例，莱布尼兹于 1663 年最先进行了哲学学习，写有《论个体性原则》；之后跨入数学领域，在数学家特雷维和魏格尔指导下学习几何学；在 1666 年完成了博士论文《论法学之艰难》，也写下了第一篇数学论文《论组合术》。在 1674 年，他接触了笛卡尔学派。莱布尼兹与笛卡尔是生死相继的两个人，笛卡尔去世是 1650 年，莱布尼兹刚刚四岁。他是通过马勒伯朗士接触了笛卡尔的思想，使他从物理学和数学研究转向机械论哲学。但他很快就认识到笛卡尔机械论思想的缺陷，并同笛卡尔派学者进行论争。可见莱布尼兹在学习上是多种术业的专攻，这与我们今天的辅修多门专业、选修多门知识只要求结课成绩不同，莱布尼兹则是在多专业领域上的深耕。正是在多学科深耕的基础上，他写了《关于笛卡尔和其他人的错误的自然观》、《论形而上学》、《微分学的历史和起源》。莱布尼兹不仅在数学上、哲学上，而且在众多的领域如天文学、物理学、植物学、心理学、医学、法学、伦理学、考古学、语言学等方面都有杰出的成就。从这里可以看出哲学的广袤的视野，以往哲学家深厚的功力。莱布尼兹是一位亚里士多德式的百科全书式的哲学家，他力图用形而上学的头脑来窥视宇宙终极秘密。

而现今的科学愈加精细与繁杂，哲学为此"拒斥了形而上学"，因此，科学哲学往往缺乏了"科学"的基础，主要是"哲学科学"的研究。因此，在当代很少有人能取得成就。20 世纪的科学哲学中，最伟大的有三位哲学家，从他们身上我们可以看到现在科学哲学的差距与发展的方向。

著名科学哲学家波普尔 1922 年开始学习数学和物理，然后修完了木工学专业。1935 年在科学家石里克的推荐下出版了《研究的逻辑》。后来两年中，波普尔在访学中与哈耶克、罗素和伯林等思想家会面，与物理学家玻尔会面。1936 年末，他向英国学术资助委员会申请工作时，推荐人中有爱因斯坦、玻尔、李约瑟、罗素、卡尔纳普和摩尔。他与科学家共同体之间保持长期和密切的联系。之后，波普尔不仅继续科学哲学的研究，于 1963 年出版《猜想与反驳：科学知识的增长》，而且也步入社会哲学、历史哲学，写了《开放社会及其敌人》（1945 年）、《历史决定论的贫困》（1957 年）。

库恩是著名的科学哲学家。17 岁进入哈佛大学学习，专业是物理学。1943 年，年仅 21 岁的库恩获物理学学士学位，1946 年，库恩获理学硕士学位。在 1947 年，库恩被邀请参加为社会科学家举办的讲述物理学发展的讲座，激发了他的兴趣，他暂时中断了正在进行的博士论文的准备工作，仔细地研究了伽利略、牛顿、乃至亚里士多德等人的力学理论。1948 年，库恩读了法国著名科学史家 A · 柯依列（Koyre）、美国逻辑学家 W · V · O · 蒯因、瑞士心理学家让 · 皮亚杰等人的著作。1949 年，他在哈佛大学获物理学博士学位。1957 年发表了他的第一部主要著作《哥白尼：西方思想发展史中的行星天文学》。1962 年，他发表了最重要的科学著作《科学革命的结构》。

科学社会学的创始人、哲学家罗伯特 · 金 · 默顿是相对知识背景比较专业化的人。在读博士时，师从著名社会学家 P · A · 索罗金、T · 帕森斯和科学史家 G · A · L · 萨尔顿。他以提出科学的规范性而著名。

从以上典型案例来看，三位科学哲学家都有浓重的科学背景，依次为数学和物理、物理、社会学等。这种强大的科学基础或背景是他们有所建树的重要原因。而现在大部分的科学哲学家是哲学出身，其视野仅在哲学之内，远没有以往哲学家与著名的科学哲学家的多元化、多专业化的广泛文化背景。以往的哲学家是"哲学科学"家，他们立足哲学来看世界，产生了科学思想。而现在的"哲学科学"在立足于哲学来看科学之时，除了做价值指责，并且为了免于尴尬还要避免更多与科学交流，即使勉强交流了，也因为对具体科学知之甚少，没有牢固的基础而不能为科学提供更多的养料。现有的科学哲学本质上都是"哲学科学"类，是哲学在科学中的运用，仅囿于哲学体系内自身循环的相对封闭系统。因此，在科学女王的面前，哲学没有能力为其加冕，反而成为被科学家漠视的对象。

综合对生活哲学的批判与对科学哲学等的批判，可以看出，只有重建生活哲学与科技哲学，才能复兴文化哲学。

第二节　文化哲学是哲学复兴之路

一、文化哲学是哲学复兴之路

后现代认为解决传统哲学危机办法是"拒斥形而上学"的文化哲学的兴起，但是眼睛只朝下的文化哲学也面临了危机，该如何看待和解决文化哲学的危机呢？

对于哲学来说，危机就是危险与机会并存，每次哲学都能从危机中重生。被其他学科分离而几近被掏空了外延的哲学并没有死去，它每次都是死而复生，这正是哲学的生命力的体现。哲学不断把自己培育好的种子种下去，而后不断前行。正如数学家张景中教授把哲学比作望远镜，他说："宇宙的奥秘是无穷的。向前看，望远镜的视野不受任何限制，新的学科将不断涌现，而在他们出现之前，哲学有许多事要做。"❶ 人们常常责难近

---

❶ 张景中．数学与哲学［M］．大连：大连理工大学出版社，2016：110.

代思想哲学的抽象性，认为其离开了人的本体。其实，近代的思辨哲学不是一无是处，在一定程度上说，它催生了科学文化，在科学历史上作出了巨大贡献。而且古近代哲学中自然与人文不可分，就像自然界不能和人的世界相分离。不能因为批判形而上学，而走到另一个极端，应该辩证地看哲学的历程。其实哲学在发展中的任务始终是在变化的，当哲学完成了孵化科学任务之时，面对科学文化的繁荣与兴盛，尤其是自然科学的繁荣，哲学要重新面对不是因为科学而变得日益简单的世界，而是日益复杂的世界，其中一个重要的问题是如何让人能诗意的栖居，哲学应该关注人本身。但不是要求所有的哲学都转向日常的生活世界，否则哲学就失去了多样性，失去了与自然科学对话的机会，也进一步会失去与人文科学进行对话的机会。科学是文化哲学不能消失的天空，因为科学是人类文化的最精致的花朵。

文化哲学是"哲学的文化"与"文化的哲学"的统一。文化的哲学即要把文化作为反思对象的哲学。哲学的文化是把哲学本身作为一种文化来看哲学。"文化的哲学"反思的对象是文化，"哲学的文化"反思的对象是哲学，都是文化与哲学的自觉。"文化的哲学"是要揭示文化的本质，通过文化的批判与反思以实现人的"文化"与"文化"的人，通过人的活动方式反思与机制，把现实与理想相连，催发人的启蒙，继而通过人的思想与行动的统一，使人的文化性与人的世界的文化性一同提升，最终实现文化的价值的真善美，从而使人真正成为人本身；"哲学的文化"即把哲学作为一种文化与其他科学文化互动，在互动中沟通、整合、提升自我，成为"文化的文化"，推动哲学和科学融合与进步。当哲学在对文化进行批判反思时，哲学自身的性质和形态不能不发生变化，哲学思维的性质总是同它所思维的内容的性质相互规定、相互统一，于是产生了文化哲学。

"文化的哲学"与"哲学的文化"是文化哲学的两个路径：一个路径是深入到人的日常生活中；一个路径是深入到科学文化中。不论是何种途径都是解决哲学过于"专业化"问题。深入到人的日常生活中要解决哲学过于"抽象化"问题，实现由抽象和具体结合，最后实现"化人"；深入到科学文化中，是解决哲学过于"狭隘性"问题，即哲学只在哲学自身思想中循环问题，实现哲学的广阔文化视野与基础，以能与科学联姻与对话。

这两个路径能解决哲学自身的危机问题，因其有强大需要。一方面，人有对自身文化和文化世界的强大需求，但是现实文化形态的非文化与文化性缩减问题使人的文化性和人的文化需求不仅不能得到满足，而且有时还走入了歧途，这就需要对这种非真文化形态进行批判，实现哲学与日常生活的对接；另一方面，科学越发达，分工越细，学科之间的界限越易成为隔绝彼此之间不可逾越的藩篱，每个学科好比是一个封闭的王国，这就需要一个联合国能把大家召集在一起进行学科之间的交流，使信息流动起来，促进各学科更好更快的发展。哲学能实现各门科学的联接。

所以，文化哲学要走一条复兴之路，重回传统哲学的两条路径：人的幸福之路和宇宙自然之路。人的幸福之路是今日之文化哲学的主唱，但缺失的是"形而上学"之路。因此，对于人的幸福之路，文化哲学要以提升时代精神为最强音；对于形而上学之路，文化哲学要为自己铺设科学的背景，从科学中走入哲学，为自己赢得话语权。但是两种路径同是人的活动方式之路，文化哲学是一种新的哲学范式，它不再宣称自己"拒斥"什么，它将整个人的世界纳入到自己的世界进行反思与建构。

二、复兴哲学的文化使命：哲学是文化的精华

马克思说："哲学是文化的精华"，这极其精练地概括了哲学的性质。

首先，哲学要成为文化的精华，哲学必须要回归文化的家园。哲学要跳出自身，把自己置身于广阔的文化背景中，作为文化的一种形式与其他文化形式互动，从中获取养料。但哲学的文化与其他的科学文化有所不同的是：哲学文化是不带有边界的科学文化，它天然带有跨界的性质。而其他文化形式首先确定了自己的具体研究问题，即确定自己的边界。哲学从诞生之日起就是两条腿走路，一条是宇宙之路，一条是人之路。正因为是

两条路，所以哲学以古代哲学、近代哲学的无所不谈、无所不包的性质赢得了后来任何科学的尊重，无论在哪一门科学文化史中都少不了哲学的身影。但哲学现今的两种发展趋势使哲学日趋衰落。

一方面哲学向主体性转向的现代哲学发展历程中，哲学为自己划定了界限，封闭了自我，拒斥了"形而上学"的宇宙之路，哲学变成了一条腿走路。并且这条腿也出现了问题。到海德格尔时代，哲学开始步入衰落阶段。哲学把自己封闭在生活的围城中，以抽象的形式来谈论生活。在日趋复杂的世界中，大众的确是需要生活的哲学，但是由于生活哲学表达的抽象性，如海德格尔、胡塞尔的理论，并且又不直接面向大众，因此，哲学改变人的生活世界效果不明显。

另一方面哲学越来越像一个学科，却与科学划清了界限，与其他文化形式泾渭分明，哲学变为一门真正的科学文化。哲学开始了自身体内循环，学哲学的就是学哲学的，哲学与其他文化形式隔绝了起来，没有了交流与沟通。

因此，哲学要复兴务必使哲学要成为文化的精华，哲学必须成为"文化的文化"。"文化的文化"是对文化的系统综合、提炼萃取。杜威谈及哲学与文化的关系，把哲学的文化价值确定为文化的联络官、通讯员，哲学是文化的管理机构。换句话说，哲学是文化价值的沟通者，文化意义的翻译者。❶

罗蒂的"后哲学"仅仅强调哲学是一种文化形式，与其他文化形式并行，从而在并行的过程中与其他科学、艺术等进行平等的交流。哲学从科学的王位上走下来变为一种普通的文化现象。他只强调了哲学是文化，没有看到"文化的文化"是哲学更重要的属性。这种"文化的文化"不是科学之母的形式，而是要变为在综合各种文化形式中整合各种文化，在对历史与现实中对其进行文化批判，这样才能使"人以一种全面的方式，就是说，作为一个总体的人，占有自己的全面的本质"❷。任何一种文化都是人

们对自己生活理解和拥有的一种生活的侧面，而人要占有自己的本质，必不能是单向度的单学科的生活。这就需要哲学，哲学就是雕刻钻石的精巧的切工，它把各学科的闪烁人的光芒的文化融合在一起，把历史中的反文化去除，使文化的人更加纯粹；人们不仅能看到每个文化侧面的光芒，而且能看到所有面凝结成的整体文化的璀璨。也只有这样，哲学也才能真正地成为文化，引领人类的求真、向善、臻美。

现在哲学作为"文化的文化"要采取与以往不同的形式。在古代是作为科学的母体而存在，哲学以包含了一切的文化成为"文化"的"文化"。但在现代，哲学要作为"文化的文化"有两种路径：一种是从下而上的路径，从具体科学走到哲学，在对具体科学理性反思的基础上对其进行哲学的概括、总结、提炼、反思批判；另一种是从上而下的路径，即从哲学出发，深入到具体科学中，对具体科学的概括总结提炼、反思批判。这两种路径都能提供给科学自身需要而本身不能供给的哲学的严密、彻底的逻辑和明确的价值属性。在两种路径中，目前科学哲学走"从上而下"路径的居多，"从下而上"的路径是少数。但是不论哪一种路径都要有"科学文化"作为支撑，哲学才能攀到更高处以瞭望远处与整体的风景。

但目前而言，哲学还没有成为"文化的文化"的文化哲学，因为没有第一层的文化作为基础，现在哲学家大多仅仅是哲学家。姑且不与古代的哲学家的面面俱到而又深刻做对比，像笛卡尔、莱布尼兹、罗素那样有广阔文化的哲学家都十分罕见。笛卡尔是近代法国哲学家、物理学家、数学家，被称为近代科学的始祖；莱布尼兹是哲学家、数学家，对政治学、法学、伦理学、神学、哲学、历史学、语言学诸多方向都留下了著作；罗素是英国哲学家、数学家、逻辑学家、历史学家、文学家，分析哲学的主要创始人，世界和平运动的倡导者和组织者。而现在哲学家只是哲学家，哲学家不是从具体科学中走来，也不能向具体科学中走去，哲学本身往往不能深刻反馈自然和社会科学，因此，哲学家的思想很难得到社会、自然科学的强烈反馈。哲学的宇宙路径杂草丛生，荒无人烟。所以，很多自然和社会科学对哲学嗤之以鼻。这往往造成了这样的结果：哲学家的著作只有哲学家才读，科技哲学也只有哲学家才读。

我们说哲学是文化的，我们也说科学是文化的，但是两者的文化含义有些许差别。哲学是关乎思想的、科学是关乎知识的。思想是关于某一门学科或多门学科基于历史历程的本质认识，它更多的是事物之间的联系，与历史的联系、与其他事物的联系。而知识是某一门科学的固定的规则、程序。认识数学的历史，认识数学在日常生活中的运用，认识数学与其他学科的互动等等，此之为思想。知识是认识勾股定理，认识微积分法则等。所以，各个学科如果论其知识，哲学的贡献值是非常小的、提供的知识也不多。但是论其思想，在哲学之积累广度与深度则是任何科学无法比拟的。

哲学应走出自己为中心的狭隘的视野，回归到广阔的文化家园，并且能够作为"文化的文化"而存在，哲学才能成为文化的精华，才能实现文化哲学的使命。哲学应像莱布尼兹那样的哲学家一样，才能真正成为"文化的精华"。《神正论》英译本编者奥斯汀·法勒（Austin Farrer）评价莱布尼兹为："莱布尼兹首先是一位形而上学家。但这并不意味着他对各门特殊的科学缺乏兴趣，心不在焉。全然不是这样。他真切地关心神学争论，他是一位第一流的数学家，他对物理学有开拓性的贡献，他对道德心理学有现实的关注。但如果不将这些视为整个理智世界的一个层面或一个部分，他就绝不会将其视为任何特殊探究的对象。他孜孜不倦地追求体系，而他借以奋斗的工具乃他的思辨理性。他以一种极端的形式体现了他那个时代的时代精神。"❶

三、复兴哲学的化人使命：哲学是时代精神的精华

在人的幸福之路上，文化哲学任重道远。在现代社会，人存在着"异化"，即物化，即所有都以物来衡量，资本的力量给人类带来繁荣，但也

---

❶ ［德］莱布尼茨. 神正论［M］. 段德智，译. 北京：商务印书馆，2016：1.

使人走入物化之境。而哲学不能仅仅是跟在实践后面，像个小脚老太太，而应该通过思想来改变行为，使社会真正变为人的社会，即思想要实现自身，"批判的武器当然不能代替武器的批判，物质力量只能用物质力量来摧毁"❶。哲学是关注生活的，例如存在主义的先驱克尔凯郭尔最早提出了"生活辩证法"生活，胡塞尔提出了"生活世界"的概念，但生活之树常青，而理论是灰色的。只有植入人的生活世界中，才能永葆生机和活力。

人们抱怨哲学路径之远是因为哲学的认识世界的方法之一是抽象。世间没有两片相同的叶子，是说事物总是千差万别的，如此繁杂不同的事物，人要认识起来是极端困难的。因此，人要想把握这些事物，就要从区分这些事物开始，而后人们开始在把握不同的事物的基础上找到这些事物的共同点，这在哲学上就是普遍性和特殊性的关系，这就是一种化繁为简的最重要的办法。当然这也需要功力，如同孙悟空能看透白骨精的本质一样，这样才能看到真的同与不同。但这就引起了我们中国的"名实"之间的矛盾，如公孙龙的命题"白马非马"的悖论。白马、黄马、黑马等把其颜色忽略掉，把握共同的东西是马，这个共同的东西在人世间是不单独独立的存在，但是它确实存在，它存在于每一个白马、黑马、黄色的马身上，这个共同的东西是马。马就是抽象，越抽象的东西越简单。它像一把尺子，你无须见过形形色色的马，你只要认识了马的特点，你就可以辨别一个动物是不是马。人的认识的特点区别于动物的最重要的特点是抽象思维。在任何学科中都有这种思维方式。但是抽象的层次不一样，哲学抽象层次最高。

对于抽象的生活哲学，其特点是本质性强，体现了哲学卓越的认识，这也是日常批判的文化哲学所不足之处。所以，哲学是需要高度抽象的，但令人痛苦的是，抽象的理论影响人群少，更多的是改变精英人群的活动方式。杜威曾指出："一切古典派哲学在两个存在的世界中间划分出一个固定的和根本的区别。一个相当于普通传统的宗教超自然的世界，而由形

---

❶　[德] 马克思、恩格斯. 马克思恩格斯文集 [M]. 第 1 卷. 北京：人民出版社，2009：11.

而上学描画成为至高的、终极的实在的世界……与这个须经哲学的系统修炼才能了悟的绝对的本体相对峙的，是日常阅历普通的、经验的相对实在的现象的世界。"❶ 但哲学要改变的人的活动方式不仅仅是改变少数精英的活动方式，哲学还要改变普通人的活动方式。但以往哲学由于抽象更多地是改变精英人群，这相当于讲求局部最优的时候忽略了整体最优，仿佛乌合之众只要一个卓越的英雄就可以构建一个卓越的社会，而英雄因其天才的方面，是不需要刻意地教养和培养的。所以，以往哲学不仅具有英雄主义情结，而且还有满满的唯心主义的倾向。

生活的哲学不是改变部分人群活动方式，而是要改变绝大多数人活动方式。所以，生活哲学的大众化转向是哲学成为人活动方式的最重要的路径之一。以往的哲学往往是少数精英的呼喊，但马克思所说的是"人们自己创造自己的历史"。在以往的时代，历史往往成为英雄和美人的历史，而在现代社会，每个人不甘于成为历史的旁观者，每个人都想成为历史的创造者。哲学若还清高地不能融入人们的生活，那么，哲学的终结恐怕真的要来临了。

实现文化哲学的大众转向是文化哲学焕发生机的路径。向大众转向不仅仅是向日常生活领域的转移，更不是心灵鸡汤，日常生活批判也需要抽象，不能认为抽象就是远离生活，因为再抽象的理论都来自生活。重要的是抽象的理论能不能回到生活被人们所认识、理解与行动。哲学回到大众是要实现文化的内在含义：知行合一。

而知行合一的首要之处是让大众知晓。让大众知晓不是不需要形而上学和抽象，杜威认识到传统哲学在与人的现实世界中结合的问题，他反对形而上学。其实这是不对的，这会让我们永远地放弃了对于最后性的追求、对本质的追求而进入一个没有人的理想追求的本质的历史。生活的形而上学也有非常大的价值。卡西尔说："哲学思维应该揭示出所有这些人的文化创造物据以联结在一起的一种普遍功能的统一性。"❷ 首先，实现文

---

❶ ［美］杜威. 哲学的改造［M］. 北京：商务印书馆，1962：12.
❷ 李鹏程. 文化哲学何以成立［N］. 光明日报，2011－06－14（11）.

化哲学的大众转向要把抽象的理论具体化。这需要抽象理论的转译者和传播者，使理论与平实的大众生活相结合，使哲学能实现从远到近、从精英到普通人的普照。哲学要介入人的日常生活中就需要许多中间的转译过程才能化为真正的具体。哲学无论多么形而上，都是从具体中来的，即通过了"具体——抽象 1——抽象 2——抽象 3……抽象 n − 1——抽象 n"。对于抽象 n 来说，抽象 n − 1 就是具体。哲学在以往成为精英生活的哲学的一部分，因为精英理解了"抽象 n"的哲学之后，他就对"抽象 n − 1"认识就更深刻，在这个链条中，精英可以从"抽象 n"回溯到最初的具体生活中。但是对于普通民众则不同，在具体与"抽象 n"的间距中，他需要最接近具体的"抽象 1"或者"抽象 2"，即具体成分更多些、抽象更少些，那么，这就需要哲学家把自己从具体上升到"抽象 n"的过程再从"抽象 n"还原到具体生活中。那么，大众才能理解、体验哲学，大众才能把哲学变为生活中的行动，只有这样，哲学才能变为文化，才能深入到文化机理中影响人的价值观和方法论，才能深入到生活中，影响人的生活程序。只有在这样抽象还原到具体的过程中，才能使日常生活哲学不至于沦为心灵鸡汤，才能使文化不变为低级趣味，才能让民众抱有自由的文化的生活。

文化的知行合一，不仅对文化哲学提出让大众"知""人之为人"的任务，更重要的是要"行""人之为人"的任务。《当下的哲学》是巴迪欧和齐泽克思想的遭遇，两个人以简明的语言述说了对哲学的理解和定位。在"思考事件"篇中巴迪欧认为："如果哲学不是建立在'真正的生活就是当下'理念的基础之上，那么，这样的哲学一文不值，也不值得为之付出。无论在什么环境中，真正的生活就是在选择中、在距离中和在事件中的当下。"❶ 所以，文化哲学最重要的不仅是让大众知文化，更重要的是通过知来行文化。在生活的选择、创造中不断反思人作为人的文化性的存在的质与量，不断反问：我这样对待动物或自然是人的行为吗？体现了

---

❶ ［法］阿兰·巴迪欧，［斯洛文尼亚］斯拉沃热·齐泽克. 当下的哲学［M］. 吴冠军等，译. 北京：中央编译局出版社，2017：13.

人的真、善、美了吗？我这样对待他人体现了人的真、善、美了吗？

马克思说："人的思维是否具有客观的真理性，这不是一个理论的问题，而是一个实践的问题。人应该在实践中证明自己思维的真理性，即自己思维的现实性和力量，自己思维的此岸性。关于离开实践的思维的现实性的争论，是一个纯粹经院哲学的问题。"❶ 文化哲学深入到人的生活中，是让人们体验哲学中文化精髓的力量，首先让人们阅读哲学，把哲学变为精神的力量，但是这不是哲学最终的目标，哲学要实现"语言"变为"现实"，即把所想与所思即对自己存在方式的反思变为行动，达到知行合一，才能逐步提升自己的存在的文化性，推动个人生活或者集体生活在求真、向善、臻美的文化上发展。也就是哲学不仅仅面对普遍性、群体性，而且要面对特殊性、个体性，哲学成为普通人生活的一种现实力量，每个人的哲学的思考结果都能在自身上显现。这时哲学实现了自身：人、文、哲三位一体。正如莱考夫解说："我们是哲学的动物。我们看来是那种独特的动物，他们能够批判地反省其生命的意义，以使其行为方式发生变革。因此，哲学对于我们的意义从根本上说就是，它能够帮助我们去探索生命的意义，并且追求更美好的生活。有价值的哲学应该是那样一种东西，它给我们深刻的洞察力，使我们知道我们是谁，我们如何去体验我们的世界，以及我们应该如何生活。我们探索生命意义的核心问题是我们需要了解我们自身———我们是谁，我们的心智如何工作，我们能不能变革，什么是正确的和错误的。"❷ 哲学在人身上找到了自己。

哲学从思想到行动是"化人"过程，通过思想与行动的整合，哲学也要实现"人化"，使人真正成为全面发展的人、自由的人。冯友兰说："照中国的传统，研究哲学不是一种职业。每个人都要学习，正像西方人要进教堂一样。学哲学的目的，是使人作为人能够成为人，而不是成为某种人。其他的学习（不是学哲学）是使人能够成为某种人，即有一定职业的

---

❶ 马克思恩格斯选集 [M]. 第 1 卷. 北京：人民出版社，1995：58 – 59.
❷ 蔡曙山. 人类心智探秘的哲学之路 [J]，晋阳学刊，2010：9.

人。"❶ 其他的学科的学习是定在，即是你成为有特定知识、特定技能的人。哲学是不定在，他不能让你成为某种有用的人，而是让你成为人本身。

时代精神是以人为载体、为标志的，只有哲学浸润到人中，人人构成了文化的世界，哲学才真正成为时代精神的精华。

第三节　文化自觉与哲学自觉融合之路

一、文化自觉：迈向哲学

文化自觉是文化对自身的认识以及对自身的局限性的反思。而文化这种自己对自己的反思与批判，就产生了对哲学的强烈需求。

首先，在文化全球化浪潮中迫切需要文化自觉。基于人的本质的普遍性上，努力寻找人与人之间的共同点，不断进行文化沟通与交流，不仅能丰富各种文化自身，而且也能最大程度避免文化的冲突。这种文化普遍性与特殊性关系的解决，必然涉及到哲学，因而，文化积极、主动与哲学联姻，是文化自觉的最重要的表现。

其次，在中国现代化过程中，中国的文化自觉在于意识到自身的局限性。对待历史文化要在继承中发展文化，在现实中反思与创造新的符合人类本质的文化，不断提升中国文化的含金量，为人类提供新鲜的文化资源，中国才能真正实现文化自信。另外，在中国现代化的过程中，一方面要批判地吸收世界的现代化果实；另一方面，要批判吸收中国的现代化果实，生成具有中国特色的社会主义现代化文化，才能为更多地国家走入现

---

❶ 冯友兰. 中国哲学简史［M］. 北京：北京大学出版社，1985：16.

代化提供思想和路径资源，为人类的现代化共享。而要实现中国特色社会主义现代化文化的建构，必然需要哲学，需要哲学宏观战略思维等。

再次，就中国的现代化的日常生活转型过程中的问题，迫切需求文化哲学进行"化"人的工程。在日常生活建构中，把文化作为人的活动方式把握，以使人能通过文化行动展现中国文化，使每个人都成为文化的载体，使中国真正成为文化大国。对于大众文化而言，娱乐化的倾向过程中以文化自觉的精神把握文化的传播才能体现文化的本质。这就需要哲学对其进行本质的、整体的、彻底的批判与建构。

其实科学文化作为人类精神的最精致的成果，具有超凡的敏感度，很多科学已经认识到对哲学的需要，成为文化自觉的先锋。首先，科学认识到自身的割裂就是文化自觉。各门科学文化之间的缝隙越来越大，人文与自然之间的两种文化的裂缝如何弥合就是重要的问题。斯诺的《两种文化》早就揭示了这个矛盾，但是认识到这一问题，还没有真正来解决这个问题。而能担当这个文化使者的只有哲学，因为只有哲学有最宽广的视域，有无边界的意识，不论自然还是人文都在哲学之内。但前提是哲学要再回到那个无边界的视域，不要自设在狭窄的界限内保护自己，成为井底之蛙。在此过程中，就要提升文化学科的哲学性，同时提高哲学的文化性。如同诺贝尔经济学奖的获得者赫伯特·A·西蒙所说："而我希望，我先是人，然后才是社会科学家和经济学家。"他认为学科也是一种必要的"罪恶"，他们能使有限理性的人类简化其目标结构，把选择减至可以计算的极限。但是，这又有狭隘偏颇，这世界非常需要能把新知识从一个地方带到另一个地方的国际旅行者和跨学科的旅行者。跨学科的好处是它可能让你就非常有意思的题目写出论文，否则你恐怕永远不会遇到这些题目。因为效用函数的美好特征之一，使它能不断获得新的视角。❶

最后，各门具体科学也意识到了对哲学的需要，这也是文化自觉的重要表现。例如，1988 年诺贝尔奖经济学奖获得者莫里斯·阿莱谈到了经济

---

❶ ［美］迈克尔·曾伯格. 经济学大师的人生哲学［M］. 北京：商务印书馆，2001：375.

学令人遗憾的倾向：过度的专业化。他认为人们过于经常地忘记，只有通过大量的综合研究，社会科学才能取得重要的进展。最需要的是具有历史、社会学、政治学宽广视野的经济学家；具有分析能力和社会学研究能力的历史学家以及受到经济学和历史学训练的社会学家。而凯恩斯对经济学家的描述为：好的或者合格的经济学家是珍稀物种，很少有人能超越。经济学大师必须拥有的罕见的天赋组合。他必须在几个不同的方面达到很高的水平，必须将不常见的才干组装在一起。在某种程度上，他必须是数学家、历史学家、国务活动家、哲学家。❶ 经济学大师肯尼思·J·阿罗在《我之鉴赏力》一文中提到：大学生活受到了逻辑实证主义、心理学的行为主义，还有维特根斯坦的《逻辑哲学论》的影响。马克思与弗洛伊德也是其社会和个人生活中的影响至深的哲学家。

从以上案例可见，一些越在自己学科上有所建树的人，越能意识到自己学科的局限性，因此，越能自觉地向哲学迈进，成为个人思想的一部分。这种科学向哲学主动迈进的精神就是一种文化自觉，这种文化自觉不断推进文化哲学的发展。

二、哲学自觉：迈向文化

文化自觉的根基在于哲学自觉。正如邹广文教授所言："这种社会自觉或文化自觉的呼唤，是奠基于哲学思维自觉的基础之上的。从这个视角来看，合理说明'文化'与'哲学'何以关联的内在根据，这是确立文化自觉的必要前提。"❷ 也就是文化与哲学的关系不仅是文化哲学的前提问题，而且也是文化自觉的前提问题。这不仅充分说明了本书研究问题的重要性，而且也提出了哲学自觉问题。

对于哲学自觉而言，它认识到自己应是文化的精华，这就是哲学自觉的最核心内容。与古代哲学以大胆的猜测与假设相伴的抽象的思考不同，

---

❶ ［美］迈克尔·曾伯格. 经济学大师的人生哲学［M］. 北京：商务印书馆，2001：48.
❷ 邹广文. 什么是文化哲学［N］. 光明日报，2017－06－19（15）.

现代的科学的材料非常丰富与细致，哲学大胆地面对吸收、总结、批判，才能让自己不断进步，如数学的发展就更能推进哲学问题的解决，如微积分的瞬间速度就解决了"芝诺悖论"的难题。但是，哲学要能消化具体科学的材料必须要深入到具体科学中，才能深入吸收各门具体科学的养料来滋养自身。以往是哲学哺育科学，现在科学也要"反哺"哲学。但只有哲学有能力吸收到具体科学反哺的营养的时候，哲学自身才能强大起来。哲学意识到自身的局限性，从而突破自身的局限性，就是哲学自觉，这种自觉是自觉迈向文化的家园。

哲学自觉对哲学自身提出了更高的要求，哲学只有有能力作为"文化的文化"的时候，才能与其他文化形式相互渗透、相互转化。与文化自觉迈向哲学相比，哲学自觉迈向文化的占少数。现今的哲学教育是一种学科化教育，一路都是哲学的风景。对于其他文化所研甚少，"文化的文化"之第一文化不足，因此，再向具体科学迈进之时就容易有"哲学文化"的味道，而不能做到"文化哲学"的宽广的视野与精深的文化背景，因此，很难与科学对弈和对话。因此，哲学要认识到自己的局限性，要走入文化的大家园，既要有广阔的文化视野，也要有卓越深厚的文化根基，才能与科学进行对话。哲学不仅关照自身，而且能深入关照经济、政治、艺术、科学等各方面，哲学才能真正说自己是文化哲学。哲学不能总躺在历史的功劳簿上，靠以往哲学的家底来生活。哲学要勇于走出自娱自乐的舒适区，迈向挑战区，努力去做文化的精华。

哲学自觉不仅体现在批判自身上，更重要的是建构自身。哲学作为文化的精华，不仅是在文化之后反映文化的总体脉络，而且哲学要在文化之前引领文化。科学与哲学分而治之之时，作为哲学家的培根已经认识到这个趋势，他提出：知识就是力量，成为科学革命的理论与实践的号召。杜威推崇倍至称之为现代精神生活的伟大先驱。可见，哲学之光不仅是批判的，而且是建构的，它建构的是时代精神。法国哲学家巴迪欧认为：哲学经常认为是批判性的，"投身于哲学就会最终等同于去宣称什么是恶的，什么是苦难的，什么是不可接受的，或者什么是错误的。哲学的任务就会变成在根本上是否定性的：要抱有怀疑、批判精神，诸如此类。其实哲学介入的本质，实是正面肯定。为什么肯定：因为如若你介入一个悖论性的情景，或者你介入一种不是关系的关系，你就不得不提出一种新的思想框架，你将不得不肯定：……在这一点上，我赞同德勒兹。德勒兹说，哲学在本质上是建构诸种概念。他正确地提出了这个创造性的、可定性的向度，并对把哲学缩减为任何的批判或否定抱有怀疑。"❶

在哲学自觉的道路上，由于各个地区和国家的哲学侧重的点有所不同。中国哲学的先天基因是更注重与人的生活世界接轨，因此，中国传统哲学深入人心。但面临的问题却是与具体文化结合不足，很少能做到"文化的文化"；而西方哲学的先天基因是宇宙的"文化的文化"强大，与人的生活结合不足。因此，在文化哲学的两条路径上，各国哲学都要根据自己的实际情况进行调整。

中国哲学的自觉就是要认识到中国哲学的局限性。不断开拓自己的文化视野，放眼全球文化，放眼历史、现实与未来，创造中国现代文化哲学形态，而不是总是把自己的骄傲建立在中国以往的历史的哲学上。同时，也改变哲学的教育形态，广开文化大门，夯实哲学教育的文化基础。中国哲学在多大程度上能与人类的文化最精致的形式——科学对话，就代表着中国哲学在多大程度上实现了世界化，在多大程度上实现了现代化。我们所要创新的总体目标是当代中国的哲学，这个当代中国哲学不仅包括中国哲学，而且包括在中国的哲学。

文化自信的根基在于文化自觉，哲学自信的根基在于哲学自觉，而哲学自觉是文化自觉的根基。当中国哲学与中国文化不仅具有中国特色、中国风格、中国气派，而且哲学与文化相互融合的时候，中国的哲学与文化一定能在世界大舞台上绽放。

---

❶ ［法］阿兰·巴迪欧，［斯洛文尼亚］斯拉沃热·齐泽克. 当下的哲学［M］. 吴冠军等，译. 北京：中央编译局出版社，2017：55.

第四节　文化哲学之路通往自由

当哲学与文化相结合的时候，人类的行动将充分体现出智慧。杜威把此种境状描述为："它就思维而言，是正确的；就行为而言，是正义的；就欣赏而言，是高雅的。"这就是真善美的统一，人的生活将发生巨大变化，杜威给我们描绘了未来的美好图景，"科学和情绪将互相渗透，实际和想象将互相拥抱。诗歌和宗教的感情将成为生活中不待催促而自然开放的鲜花"❶。这就是海德格尔的"诗意的栖居"之境。

文化哲学是文化与哲学的内在统一，是真理和价值的统一，是合规律性与目的性的统一。文化哲学正是凭借主体和客体、人文和科学两方面思想维度的整合而生成自己的特殊性质和功能的。哲学以一种全面的方式占有自己的本质，其实就代表着人的进程，"人以一种全面的方式，也就是说，作为一个完整的人，占有自己的全面的本质"❷。正是在这种意义上，我们说：文化哲学是人追求自由之路，它代表的是关于自由、个体独立，恢复人性尊严的哲学，它的灵魂和精髓就是人的自由和解放。正是在这层意义上，舍勒把它标之为"拯救的知识"。这样，哲学与文化汇流成人类自由之路。不仅在哲学中，而且在文化中，人都能找到自由之途径。威廉斯认为，文化是人类自我完善的一种状态或过程。卡西尔认为，人只有在创造文化的活动中才成为真正意义上的人，也只有在文化活动中，人才能获得真正的自由。

文化是哲学的家园。一方面，哲学是时代精神的精华。希望哲学作为智慧之学必须回到生活，对人的生活方式的彻底反思，引领和指导人们面

---

❶　丁立群. 杜威的文化哲学观［J］. 世界哲学，2010（4）：146.

❷　［德］马克思、恩格斯. 马克思恩格斯全集［M］. 第3卷. 北京：人民出版社，2002：303.

对这样日趋复杂的世界，哲学不仅给人以情感和心理的慰藉，而且给人以理智的引导。哲学才能不名存实亡，哲学才能称为大众哲学，找到存在感。哲学找到归属地；另一方面，哲学作为文化的精华，必须要高度自觉，不断夯实自己的文化根基，与时俱进地推进哲学与科学的双重发展。在文化自觉与哲学自觉中推动文化哲学历史性的进步。

结　语

你是谁？这是哲学的永恒主题，是哲学的根本，是历史的斯芬达克斯之谜。人作为历史的主角，你来自何方，又向何处去？你这宇宙间短暂又渺小的生命如何成为的人？怎么证明你是人？低头沉思，哲学不断寻求人之为人的答案。

人啊，在你的躯体里流淌着文化的血脉。你从直立行走开始，文化即在孕育、在产生。人类历史的每一次飞跃，都有着文化的图腾。文化成了你的命脉、你的魂灵。文化成为你面对宇宙苍生的独特的生命表达。在漫漫历史长河中，沉淀下来历史的馈赠无一不载有你的痕迹。这些器物中无一不看到了人的身影。

哲学，你这慧根，在千回百转、历尽波折后，你终于在文化中找到了那丰满的、微妙的、全面的、多样的人。文化成为人的生命的独特表达，成为人之区别与动物的界限，文化成为人之所以为人的根本。

哲学以文化为家园，就是建构一种新的哲学范式：文化哲学。哲学不再"太忙碌于现实，太驰骛于外界"，而是洋溢着人的高傲和谦逊行走在人的历史与现实中，建构人文精神和科学精神并蒂奇葩的世界，与文化同行，一起引领人类进入求真、向善、臻美之境。

参考文献

[1]［英］马歇尔·萨林斯. 文化与实践理性［M］. 赵因祥，译. 上海：上海人民出版社，2000.

[2]［美］米夏·兰德曼. 哲学人类学［M］. 张示夭，译，. 上海：上海译文出版社，1988.

[3]［美］思斯特·卡西尔. 人论［M］. 甘阳，译. 上海：上海译文出版社，1985.

[4]［美］本尼迪克特. 文化模式［M］. 王炜，译. 杭州：浙江人民出版社，1987.

[5]［美］本尼迪克特. 菊花与刀［M］. 孙志民等，译. 杭州：浙江人民出版社，1987.

[6]［德］科斯洛夫斯基. 后现代文化：技术发展的社会文化后果［M］. 毛怡红，译. 北京：中央编译出版社，1909.

[7]［匈］H·维依. 文化学与价值学导论［M］. 徐志宏，译. 北京：中国人民大学出版社，1992.

[8]［美］沃斯诺尔. 文化的分析［M］. 李卫民，译. 上海：上海人民出版社，1990.

[9]［苏］弗·让·凯勒. 文化的本质和历程［M］. 陈文江等，译. 杭州：浙江人民出版社，1989.

[10]［法］维克多·埃尔. 文化概念［M］. 康新文等，译. 上海：上海人民出版社，1988.

[11]［德］卡尔·雅斯贝尔斯. 现时代的人［M］. 周晓亮，译. 北京：社会科学文献出版社，1992.

[12]［英］B·马林诺夫斯基. 科学的文化理论［M］. 黄建波，译. 北京：中央民族大学出版社，1999.

［13］周穗明、王吉胜、柴方国、李惠斌．新马克思主义先驱者［M］．北京：中央编译出版社，1998.

［14］高清海．哲学体系改革［M］．长春：吉林人民出版社，1997.

［15］姚国华．全球化的人文审思与文化战略［M］．深圳：海天出版社，2002.

［16］衣俊卿．文化哲学［M］．昆明：云南人民出版社，2001.

［17］刘进田．文化哲学导论［M］．北京：法律出版社，1995.

［18］徐崇温．南斯拉夫"实践派"的历史和理论［M］．昆明：重庆出版社，1994.

［19］朱谦之．文化哲学［M］．北京：商务印书馆，1990.

［20］许苏民．文化哲学［M］．上海：上海人民出版社，1990.

［21］张岱年．文化与哲学［M］．北京：教育科学出版社，1998.

［22］傅锵．文化：人类的镜子西方文化理论导引［M］．上海：上海人民出版社，1990.

［23］胡潇．文化现象学［M］．长沙：湖南出版社，1991.

［24］李鹏程．当代文化哲学沉思［M］．北京：人民出版社，1994.

［25］刘敏中．文化学学、文化学及文化观念［M］哈尔滨：黑龙江人民出版社，2000.

［26］李燕．文化释义［M］．北京：人民出版社，1996.

［27］庄锡昌．多维视中的文化理论［M］．杭州：浙江人民出版社，1987.

［28］洪晓楠．文化哲学思潮简论［M］．上海：上海三联书店，2000.

［29］修毅．人的活动的哲学［M］．北京：中国大百科全书出版社，1999.

［30］王国有．哲学反思的审美维度［M］．哈尔滨：黑龙江人民出版社，2001.

［31］王铭铭．想象的异邦［M］．上海：上海人民出版社，1998.

［32］衣俊卿．衣俊卿集［M］．哈尔滨：黑龙江教育出版社，1995.

［33］马克思、恩格斯．马克思格新全集［M］．第42卷．北京：人民出版社，1979.

［34］杨启广．文化哲学导论［M］．广州：暨南大学出版社，1999.

［35］杨魁森等．哲学与生活世界［M］．哈尔滨：中国社会科学出版社，2014.。

［36］［印］克里希那穆提．生而为人［M］．陈雪松，译．北京：九州出版社，2011.

［37］［西］奥德嘉·贾塞特．生活与命运［M］．陈升等，译．南宁：广西人民出版社，2008.

［38］［印］克里希那穆提．教育就是心灵的解放［M］．张春城等，译．北京：九州出版社，2010.

［39］［英］C·P·斯诺. 两种文化［M］. 纪树立，译. 北京：生活·读书·新知三联书店，1995.

［40］［英］雷蒙德·威廉斯. 文化与社会［M］. 吴松江等，译. 北京：北京大学出版社，1991

［41］张凤江. 文化哲学概论［M］. 天津：天津人民出版社，2016.。

［42］［美］迈克尔·曾伯格. 经济学大师的人生哲学［M］. 侯玲，译. 北京：商务印书馆，2001.

［43］［日］柄谷行人. 哲学的起源［M］. 潘世圣，译. 北京：中央编译出版社，2015.

［44］［美］兰德雷斯，［美］柯南德尔. 经济思想史［M］. 周文，译. 北京：人民邮电出版社，2011.

［45］［美］戴维·林德伯格. 西方科学的起源［M］. 王珺，译. 北京：中国对外翻译出版公司，2001.

［46］［美］杰弗里·M·霍奇逊. 经济学是如何忘记历史的：社会科学中的历史特性问题［M］. 高伟，译. 北京：中国人民大学出版社，2008.

［47］［美］哈维兰. 文化人类学. 人类的挑战［M］. 陈相超等，译. 北京：机械工业出版社，2014.

［48］［爱尔兰］乔·格里芬，［英］伊万·泰里尔. 人类天赋［M］. 刘勇，译. 北京：线装书局. 2015.

［49］［美］哈里斯. 文化的起源［M］. 黄晴，译. 北京：华夏出版社，1988.

［50］［德］尼采，权力意志［M］. 张念东，译. 北京商务印书馆. 1991.

［51］［美］爱德文·阿瑟·伯特. 近代物理科学的形而上学基础［M］. 徐向东，译. 北京：北京大学出版社，2003.

［52］［英］W·C·丹皮尔. 科学史及其与哲学宗教的关系（上册）［M］. 李衍，译. 北京：商务印书馆，1997.

［53］［美］罗蒂. 后形而上学希望［M］. 张国清，译. 上海：上海译文出版社，2003.

［54］［美］杜威. 哲学的改造［M］. 许崇清，译. 北京：商务印书馆，2002.

［55］洪晓楠. 科学文化哲学研究［M］. 上海：上海文化出版社，2005.

［56］［法］阿尔贝特·施韦泽. 文化哲学［M］. 陈泽环，译. 上海：上海人民出版社，2017.

［57］孙正聿 . 有教养的中国人［M］. 北京：中国青年出版社，2018.

［58］田鹏颖，郭辰 . 文化哲学视野中的"中国方案"［M］. 中国：社会科学文献出版社，2018.

［59］何萍 . 文化哲学：认识与评价［M］. 武汉：武汉大学出版社，2010.

［60］倪梁康 . 中国现象学与哲学评论：第二十二辑——现象学与跨文化哲学（中国现象学与哲学评论）［M］. 上海：上海译文出版社，2018.

［61］张君劢 . 科学与人生观［M］. 济南：山东人民出版社，1997.

［62］汪丁丁 . 在经济学与哲学之间［M］. 北京：中国社会科学出版社，1996.

［63］［美］豪斯曼 . 经济学的哲学［M］. 丁建峰，译 . 上海：上海人民出版社，2007.

［64］［挪］希尔贝克 . 西方哲学史［M］. 童自骏等，译 . 上海：上海译文出版社，2006.

［65］Geerts. C. The Impact of the Concept of Culture and the Concept of man［M］. in Platt (ed). New View of the Nature of Man. Chicago University of Chicago Press，1965.

［66］Kroeber・A・L and Kluckholn. C. Culture：A Critical Review of Concepts and Definitions［M］. New York：Vintage Books，1963.

［67］Huntington S P. The Clash of Civilization and Remaking of World Order［M］. London：Simon Schuster Ltd.，1987.

致　谢

从 1992 年起，我入哲学之门已有 16 年之久。此其中，我经历了学习、工作、再学习、再工作的反复循环过程，基本上遵循了马克思主义认识过程的规律，这并非我早已深谙哲学之道，只是无意之中巧合而已。每一次学习向工作的转换、工作向学习的延伸，我都深感自己理论的欠缺与不足，因此对于以书之重器载吾之道更是诚惶诚恐。这也是久未出书以谢师恩的缘由。

本书的底稿是我的硕士论文。感谢导师徐晓风教授，在硕士论文题目最终确定、写作和答辩等诸多过程中，他都耐心地指导我、帮助我，做了大量的工作。特别感谢修毅教授，硕士论文题目是他精心引导的结果，他多次高屋建瓴地审阅论文框架及其内容，并就其中细节问题都给予了精心的指导。粗糙的思想经过修毅老师一遍遍细心雕琢才愈加明晰、深刻，老师的心血都凝结在论文字句中，每望之，皆见老师容颜。在论文成稿中，哈尔滨师范大学政教系的马志生、弓肇样、陈洪达、段虹、冯相红等诸位老师都给予了我大力的支持，诸位老师抽身于繁忙之间，不仅仔细审阅了文稿，而且还面对面地给予耐心的指导。承蒙师恩雨露，仅借此书，向诸位恩师聊表谢意。再谢我的硕士同窗们，她们时常与我讨论论文题目与内容，给了我诸多启发与灵感。

至今，硕士毕业已十二载。回首硕士论文之题目依然具有鲜活的生命力，于是不断地修改遂成此书。本书其思想远比硕士之期深刻和凝练，理论框架也更为完整和严谨，理论表述也更加丰满和明晰了。加之我院马克思主义学院李邢西院长的鼓励与支持，遂有出版之意，在此对李老师一并言谢。

　　此书得以出版要特别感谢责任编辑贺晓霞女士。她每次的勘校之处都在我未尽的细节之中，实颇让我感到意外。她极具责任感和工匠精神，把此书作为她的作品精益求精。她就以其这样极其认真地态度，不厌其烦地一遍一遍地校对，其工作量之大非常人可比。本书之准确、标准、严谨之处，贺女士都付出了大量心血。没有她极其专业、细致、耐心地校对，就没有本书的出版。我从她身上收获至多，不论其专业的规范，还是严谨的态度，这些都会在我今后的学术生涯中受益匪浅。

　　感谢我的家人们，他们是我最强大的后盾。在硕士论文的写作中，妈妈就曾专程从家乡赶来哈尔滨，帮我处理日常事务并不断鼓励我前行。在写此书的过程中，我的家人们更是不遗余力地帮助我。不论他们自己有多么繁忙，都腾出了时间或者帮我校对、或者帮我处理家务，以让我专心写作。他们的爱、鼓励与支持是我前进的不竭动力。这本书之于我有历史意义，它虽不尽完美，但却是我人生所出版的第一部专著。感谢以上所有的人，感谢您们在我人生中的重大事件中的在场。因为有你们，人生永远是春天。

宋洪云

2018 年 9 月